Individualität einer Landschaft

Das Dörögd-Becken in Ungarn

Dokument zur Übungswoche
für Landschaftsgestalter und Ökologen

Impressum

Herausgeber
Forschungsinstitut der Naturwissenschaftlichen Sektion der
Freien Hochschule für Geisteswissenschaft, Goetheanum, Dornach (CH)

Redaktion
Hans-Christian Zehnter

Layout
Hans-Christian Zehnter und Birgit Althaler

Titelbild
Jochen Bockemühl

Lektorat
Birgit Althaler und Hans-Christian Zehnter

Druck
Kooperative Dürnau, Dürnau (D)

Satz
Georg Iliev

Belichtung
Type & Data Prepress, Wangen (D)

Verlag
Verlag am Goetheanum, Dornach (CH)

ISBN 3–7235–0976–2

Dornach, August 1997

Inhalt

Vorwort

Der „Westen" wird durch die Länder Osteuropas nach der „Wende" nicht allein in wirtschaftlicher Hinsicht gefordert. Vielmehr geht es zugleich darum, sich menschlich näher zu kommen. Ein Weg hierzu besteht darin, konkrete *Fragen der Landschaftspflege und des Naturschutzes gemeinsam* zu behandeln, wie das zum Beispiel in der „*Übungswoche für Landschaftsgestalter und Ökologen, Ungarn '95 – Die Individualität einer Landschaft, Kennenlernen der Biographie und der Zukunftsperspektiven des Dörögd-Beckens*" versucht wurde.

Die „Übungswoche für Landschaftsgestalter und Ökologen" des Forschungsinstitutes am Goetheanum hat inzwischen Tradition. Nach mehrmaliger Durchführung in Dornach fand sie durch die Initiative von Hermann Seiberth (Senatsverwaltung für Stadtentwicklung und Umweltschutz Berlin) und seinen Mitarbeitern 1993 in Berlin statt. Auch wenn sie damals im Westen der Stadt durchgeführt wurde, hatte sie dennoch einen großen Zustrom von Teilnehmern und Mitwirkenden aus dem Osten; und die Arbeitsgruppen befaßten sich bereits mit typischen Fragen, die durch die Zeit des Kommunismus entstanden waren.

Während dieser Woche entstanden u.a. Kontakte mit Behördenvertretern aus Dresden. Wenig später konnte dann die vom Forschungsinstitut konzipierte Ausstellung „Erwachen an der Landschaft" im Dresdener Hygiene-Museum besichtigt werden (siehe hierzu auch: Bockemühl, J. (1992): *Erwachen an der Landschaft*. Verlag am Goetheanum. Dornach). 1994 fand in direkter Zusammenarbeit mit den örtlichen Naturschutzbehörden die Übungswoche in Dresden statt.

Die Übungswoche für Landschaftsgestalter und Ökologen in Ungarn 1995 wurde möglich durch die Mitarbeiter des Büros für Landschaftsarchitektur, Gartengestaltung und Naturschutz PAGONY aus Budapest, das an die landesweite ungarische Architektenvereinigung Kós Károly angeschlossen ist. Die Zusammenarbeit mit diesen Menschen reicht in die Zeit vor der Wende zurück: angefangen von ihrer regelmäßigen Teilnahme an den Übungswochen bis hin zu einem kleinen Seminar in Kapolcs im ungarischen Dörögd-Becken. Während der Übungswoche in Dresden erfolgte schließlich die Einladung, die Übungswoche 1995 in Ungarn durchzuführen.

„Ungarn '95" bedeutete schon wegen der Sprachprobleme eine gewaltige Umstellung. Gut 80 Teilnehmer und Teilnehmerinnen waren gekommen: Fachleute, Studenten, Interessierte, etwa zu gleichen Teilen aus Ost und West (u.a. Ungarn, Schweiz, Niederlande, Deutschland). In den Vorträgen der ungarischen Referenten wurde den Teilnehmern aus dem Westen auch gleich die – gegenüber der eigenen Lebenssituation in vielerlei Hinsicht gegensätzliche – politische, wirtschaftliche und geschichtliche Eigentümlichkeit der Menschen und des Landes Ungarn vor Augen geführt.

Es war klar, daß mit der Übungswoche keineswegs so etwas wie eine „Lösung der Probleme durch den Westen" gefragt war. Vielmehr ging es um ein gegenseitiges Wahrnehmen und Zusammenfinden aus einer Haltung des Geltenlassens und voneinander Lernens. Im Laufe der Zusammenarbeit in dieser Woche entstanden denn auch im menschlichen Kontakt – trotz aller auch erlebten Gegensätzlichkeit zwischen Ost und West – viele gemeinsame Verbindungen, und dies sowohl innerhalb der Teilnehmerschaft als auch zwischen Teilnehmern und Bewohnern der Landschaft.

Im Verfolgen des im Titel zur Arbeitswoche genannten Zieles, das Dörögd-Becken als eine Art Individualität sehen zu lernen und sich gegenseitig auf deren Vielfalt aufmerksam zu machen, entstand eine gemeinsame Grundlage für die Entwicklung etwaiger Zukunftsperspektiven. Denn: Initiativen, etwas schützen und zu einer heilsamen Weiterentwicklung beitragen zu wollen, können ja nur entstehen, wenn man die Werte, um die es gehen kann, kennengelernt hat.

Das Gebiet des Dörögd-Beckens eignete sich in seinen Gegebenheiten besonders gut für eine solche Arbeit. Hierzu zählte auch, daß es durch PAGONY kultur- und naturgeschichtlich bereits gut erfaßt war.

Ich möchte die Gelegenheit nutzen, um für die inhaltlich und organisatorisch professionelle, unter den ungarischen Verhältnissen sicher nicht einfache Vorbereitungsarbeit zu danken. Durch die Initiative der PAGONY-Mitarbeiter wurde es mir zwei Monate später möglich, auch in Budapest die Ausstellung „Erwachen an der Landschaft" zu zeigen und sie durch ein Seminar zu begleiten. Das landesweit renommierte Landwirtschaftsmuseum im Zentrum Budapests stellte die hierfür nötigen Hilfen und Räumlichkeiten zur Verfügung. Auch dafür sei ganz herzlich gedankt. Im Rahmen dieser Veranstaltung konnte ich eine Reihe von interessanten Reaktionen auf die vorausgegangene Übungswoche wahrnehmen, die zeigten, daß die dort angeregte Arbeit fruchtbar weitergeht.

Der vorliegende Band ist nicht allein als Bericht über die Tagung konzipiert, sondern möchte Anregungen geben, wie man sich von verschiedenen Aspekten her in die Qualitäten einer Landschaft einarbeiten kann. Ihm ist bereits ein vergleichbarer Bericht über die Landschaftswoche in Dresden vorausgegangen: *Menschen gestalten Entwicklung – Dokument zur Übungswoche für Landschaftsgestalter und Ökologen in Dresden 1994* (Hrsg.: Naturwissenschaftliche Sektion am Goetheanum. Verlag am Goetheanum. Dornach). Ein dritter Band ist bereits in Arbeit (Arbeitstitel: *Die Atmosphäre der Landschaft*). Er beschäftigt sich mit Fragen der Landschaft, die sich im Zusammenhang mit dem Neuaufbau eines landwirtschaftlichen Betriebes ergeben – dies anhand der *„Übungswoche für Landschaftsgestalter, Landwirte und Ökologen 1996 in Mahlitzsch (bei Meißen)"*.

Jochen Bockemühl

Jochen Bockemühl

Einführung

Pro-dia-log

„Was war da eigentlich los ... da in Ungarn? ... Ungarn '95 ... Übungswoche ... Individualität einer Landschaft ... Biographie einer Landschaft ... Dörögd-Becken ... Was heißt denn das alles?"

„Was da los war? Unglaublich viel, Eindruck über Eindruck. Unendlich viele Bilder ... Bilder und immer wieder Bilder ... photographierte, gezeichnete, geschriebene, erinnerte ... gesehene, gerochene, gehörte, gesprochene ... gearbeitete, getanzte – erlebte!"

„So, so ... mmh (?)"

„Stell Dir das doch mal vor: Da kommen so um die hundert Menschen in eine Gegend, und schauen sich die an. Welch ein Ereignis für eine Landschaft, daß sich ihr so viele Menschen gleich auf einmal widmen!"

„Ach ja? ... und die Landschaft und die Menschen dort, was haben die davon?"

„Ja aber ... so höre doch: Die Landschaft wurde gesehen! Und die Menschen haben neu hinschauen gelernt! Wenn ich allein an die vielen Aussprüche denke wie: ‚Ich glaube, ich bin vorher blind durch die Gegend gelaufen. Ich lerne, glaube ich, gerade erst einmal zu sehen.' So etwas wurde mehrfach gesagt. Und dann noch die Episode von der Studentin aus Budapest, die am letzten Tag der Woche kam, um ihre Komilitonen wieder zurück in die Stadt zu fahren. Sie sagte wörtlich: ‚Ich erkenne Euch nicht wieder. Was ist mit Euch passiert?' "

„Ja, aber genau danach frage ich ja: Was geschah da im Dörögd-Becken?"

„O.k., so laß es Dir einmal ausführlicher erzählen: ..."

... Und so ward eine Broschüre.

Die Übungswoche

... ist eine alljährlich wiederkehrende Veranstaltung des Forschungsinstitutes der Naturwissenschaftlichen Sektion, die ein Teil der Freien Hochschule für Geisteswissenschaft am Goetheanum in Dornach (CH) ist. Das Grundanliegen der Übungswoche besteht darin, einen bewußten persönlichen Bezug zu einer Landschaft herzustellen. „Bewußt" meint hier: Der persönliche Bezug kann (im Idealfall) jederzeit auch anderen Menschen einsichtig vermittelt werden.

Hierbei wird die Landschaft als ein geistig zu erfassender Organismus aufgefaßt, dessen Existenz von der Denk- und Lebensweise der Menschen abhängt. Landschaft stellt sich als derjenige Raum heraus, den man mit seinem Bewußtsein zu umspannen in der Lage ist. Die Beziehungen ihrer Bestandteile erschöpfen sich nicht im Neben- und Nacheinander in Raum und Zeit. Vielmehr steht jedes so im Verhältnis zum Ganzen der Landschaft, wie der kleine Finger seine Bedeutung durch den ganzen Menschen bekommt.

Das Verständnis für solch einen Bezug zur Landschaft ist Grundlage für jegliche Absicht, Landschaft zu gestalten bzw. zu entwickeln.

Der Arbeitsansatz

Jede Beziehung des Menschen zur Welt gründet im wechselseitigen Verhältnis von Wahrnehmung und Denken. Diesem Verhältnis muß folglich das Interesse unseres Bewußtseins gelten, um im Umgang mit der Natur uns a) über unsere Impulse Rechenschaft ablegen und b) der jeweiligen Qualität der Beziehung zur Welt gerecht werden zu können. Wie kann dies erreicht werden?

Jede Wahrnehmung kann Anlaß werden, den ihr zugehörigen Begriff zu bilden. Jeder Begriff setzt unser Erleben voraus. Erleben heißt, daß etwas für das Leben eines Menschen relevant wird. Durch das Erleben erhalten die Wahrnehmungen also erst ihren Inhalt. Auch der Inhalt der Landschaft bestimmt sich durch das, was wir an der Wahrnehmung erleben. Um eine persönliche Beziehung zur Landschaft zu entwickeln und zu realisieren, muß die Wahrnehmung bewußt erlebend begleitet werden.

Ungarn '95, Europäisches Naturschutzjahr 1995

Die aktuellen Probleme im Umgang mit der ungarischen Landschaft sind drängend. Die auf den politischen Umbruch 1989 folgende Privatisierung der Landschaft brachte eine Art sozio-ökologisches Vakuum in der Frage ihrer Nutzung: Weite Flächen sind brach gefallen, ehemals landwirtschaftlich genutzte Flächen veröden, Richtlinien zum Umgang mit dem Landbesitz im Interesse des Gemeinwohls fehlen.

Bis zur vollwertigen EU-Mitgliedschaft soll ein Konzept für die Landwirtschaft und andere Landschaftsnutzungen in Ungarn erarbeitet werden. Hierzu sollte die Übungswoche einige Impulse beisteuern. Sie wurde als Veranstaltung im Rahmen des EUROPÄISCHEN NATURSCHUTZJAHRES 1995 vom SCHWEIZERISCHEN BUNDESAMT FÜR UMWELT, WALD UND LANDSCHAFT großzügig gefördert.

Europäisches Naturschutzjahr
ENSJ Europarat

Das Übungswochen-Team aus Mitarbeitern
von Pagoni und vom Forschungsinstitut

Das PAGONY-Büro, die Kós-KÁROLY-Vereinigung, die STIFTUNG PRO-DÖRÖGD

Die Tagung wurde zusammen mit dem Landschaftsarchitektenbüro PAGONY (ein fünfköpfiges Team von Landschaftsarchitekten) aus Budapest durchgeführt, mit dem schon seit mehreren Jahren ein enger Arbeitskontakt besteht. Zusammen mit der schweizerischen Stiftung PRO-DÖRÖGD ist das PAGONY-Büro durch mehrjährige Arbeit u.a. an einer Landschaftsentwicklungsplanung mit dem Dörögd-Becken verbunden. Hieraus ergab sich die Idee, die Übungswoche im Dörögd-Becken stattfinden zu lassen. Als weiterer Mitveranstalter trat die ungarische Architektenvereinigung Kós-Károly auf.

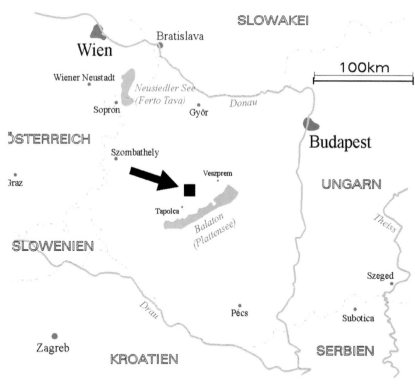

Die Woche vom 11. bis 19. August 1995 im Dörögd-Becken

Ungarn – in Transdanubien das Dörögd-Becken: Eine Landschaft im Bakony-Gebirge mit goldgelb überwachsenen Agrarweiten auf weißem Kalk und windverwehtem Löß, umsäumt von sattgrün bewaldeten Hügeln – ehemalige, schwarze Vulkane. Daran angeschmiegt liegen die Dörfer des Beckens: Öcs, Pula, Taliándörögd, Kapolcs, Vigántpetend. Im Laufe der Tagung wird deutlich, daß das Leben und die Biographie des Dörögd-Beckens gewaltige Veränderungen durchgemacht haben, die sich im gegenwärtigen Landschaftsbild niederschlagen. Was vom Relief her noch als Ganzes erscheint, ist im Leben der Menschen wie auseinandergerissen. Wider Erwarten sind die Tage dieser Sommerwoche mit Temperaturen zwischen 25 und 30 Grad Celsius vergleichsweise kühl. Um die hundert Teilnehmer – Männer und Frauen verschiedener beruflicher und geographischer Herkunft, unter ihnen viele junge Leute von ungarischen Hochschulen – bringen ihre Vorstellungen und Erwartungen ins Dörögd-Becken.

So lebten hier und da Vorstellungen und Fragen über die Begegnung von Westeuropäern und Osteuropäern: Werden sich die Bilder vom „der Natur entfremdeten Verstandes-Westeuropäer" und vom „naturverbundenen Gefühls-Osteuropäer" bewahrheiten? Wie ist das mit den „kühlen und steifen Westlern ohne Geschichtsbewußtsein" und dem „melancholischen, temperamentvollen und geschichtsstolzen Ungarn"? Wie werden diese Seiten des Menschen einander begegnen?

Und die Erwartungen? Die ungarischen Veranstalter sind gespannt auf die anreisende Schar internationaler Berufskollegen. Besonders bedeutungsvoll ist die „Konferenz" für die Gastgeber, die Bevölkerung des Beckens (insbesondere jene von Taliándörögd), die die Teilnehmer mit selten erlebter Gastfreundschaft beherbergt und verköstigt – ein erstmaliges großes Wagnis und eine erfolgreiche Erfahrung. In Gastgeber-, Koch- und Käsereikursen bereitete man sich vor. Noch ein Jahr früher hätte der Gemeindepräsident, wie er erzählte, nicht gewagt, von einem ähnlichen Ereignis in seinem Dorf auch nur zu träumen.

Dann gibt es auch Forderungen an die Gäste: „Sagt uns, was Euch hier gefällt und was nicht! Helft uns beim Beantworten unserer Fragen!"

Die Gäste ihrerseits kommen mit Fragen zum Thema „Landschaft – Was ist das?" hier her. Mit der Landschaft und ihrer Wahrnehmung beschäftigt sich der morgendliche Hauptkurs von Jochen Bockemühl, den Agnes Kádas live und gekonnt ins Ungarische übersetzt. Im Seminar gelingt es, die Fülle von – teils durchaus auch zwiespältigen – Erfahrungen und Eindrücken innerhalb der Woche sinnvoll zusammenzuhalten und gewinnbringend zu deuten (siehe „Besinnungen im Morgenseminar").

In der nachmittäglichen Gruppenarbeit begegnen die Teilnehmer praktischen Anschauungsbeispielen zum Thema. Jede Arbeitsgruppe wird von einem Mitarbeiter des Institutes und einem Mitarbeiter von Pagony geleitet (siehe „Arbeitsgruppenberichte"). Die Sprachbarriere überbrücken fünf junge und lebensfreudige Dolmetscherinnen: Die Studentinnen der Gartenbauuniversität in Budapest werden im Laufe der Tagung durch ihre engagierte Tätigkeit zu unersetzbaren Mitarbeiterinnen.

Neben dem Morgenkurs und der nachmittäglichen Gruppenarbeit schließt das Programm zahlreiche weitere Schauplätze mit ein:

• die Eßzeremonie vor dem Kulturhaus;
• frühmorgendliche, eurythmische Einstimmungen (mit Clemens Schleuning aus Budapest) zu den vier Elementen Erde, Wasser, Luft und Feuer und zur ungarischen Sprache im Gedicht „Blumengewinde" von Sándor Wepres;
• ein Nachmittag praktischer Betätigung pro Gruppe in der Landschaftsgestaltung bei der Bauernfamilie Károly Vers auf ihrem neu erworbenen, am Bach gelegenen Land Ráskó-Puszta;
• eine Exkursion in benachbarte Gebiete in der Umgebung des Plattensees (Tihany-Halbinsel, Kali-Becken) und schließlich zum Plattensee selbst unter der Leitung von József Laposa und Tibor Lázár;
• immer wieder Begegnungsmöglichkeiten mit unbekannten Menschen, Teilnehmern an der Übungswoche und Leuten aus den Dörfern;
• abendliche Vorträge von ungarischer Prominenz aus dem Umfeld der Kós-Károly-Vereinigung;
• spontane Konzerte von der Dorforganistin in einer der drei Kirchen von Taliándörögd;
• ein Abend mit ungarischer Volksdichtung;
• und nicht zuletzt die volkstanz- und weinreichen, temperamentvollen Feste zu Beginn und zu Ende der Tagung.

Die ausführlichen Beiträge dieser Broschüre, ihr durch die Unmittelbarkeit und Intensität der Erlebnisse geprägter Stil sowie die reiche Bebilderung, in die viele Originalskizzen von Teilnehmern aufgenommen wurden, dienen dem Versuch, den Lesern die inhaltliche Dichte und Fülle der Tagung nahezubringen.

Freitag 11.8.	Samstag 12.8.	Sonntag 13.8.	Montag 14.8.	Dienstag 15.8.	Mittwoch 16.8.	Donnerstag 17.8.	Freitag 18.8.	Samstag 19.8.	Sonntag 20.8.
Anfahrt	7.00-7.45 Frühstück			Exkursion	7.00-7.45 Frühstück				Rückfahrt
	8.00-8.30 Eurythmie				8.00-8.30 Eurythmie				
	-8.45 Pause				-8.45 Pause				
	8.45-12.00 Hauptkurs mit Darstellungen aus den Arbeitsgruppen Jochen Bockemühl				8.45-12.00 Hauptkurs mit Darstellungen aus den Arbeitsgruppen (inkl. ½h Pause) Jochen Bockemühl				
	12.30 Mittagessen				12.30 Mittagessen				
	-14.00 Pause				-14.00 Pause				
	14.00-18.00 Arbeitsgruppen				14.00-18.00 Arbeitsgruppen			14.00-18.00 Abschlußgespräch	
ab 18.00 Vorstellung der Arbeitsgruppen; Imre Markovecz Eröffnungsfeier	18.00 Abendessen				18.00 Abendessen			ab 18.00 Abschiedsfest	
	-20.00 Pause				-20.00 Pause				
	20.00-22.00 Vorträge István Kálmán	N.N.	20.00 Eröffnung der Ausstellung		20.00-22.00 Kultureller Abend	Gespräch mit den Bürgermeistern	Miklós Kampis		

Sponsoren

Die Durchführung der Tagung war nur durch die Unterstützung der folgend aufgelisteten Sponsoren möglich, denen hiermit noch einmal aufrichtiger Dank ausgesprochen sei:

Bundesamt für Umwelt, Wald und Landschaft (BUWAL) (CH)

Stiftung Pro-Dorögd

Deutsche Landesgesellschaft der Allgemeinen Anthroposophischen Gesellschaft (D)

Firma Környezettern (H)

Gemeinde von Taliándörögd (H)

Generalversammlung der Gemeinde des Komitats Veszprém (H)

Komitatliches Amt für Naturschutz (H)

Landeskommission für Technische Entwicklungen (H)

Pro Renovanda Hungariae-Stiftung (H)

Stiftung für Freie Waldorf-Erziehung (H)

Taliándörögder Frauenchor (H)

Unabhängiges Ökologisches Zentrum (FÖK) (H)

Ungarisches Ministerium für Umwelt (H)

Universität für Agrarkunde, Gödöllö (H)

Universität für Gartenbau, Budapest (H)

I Biographie des Dörögd-Beckens

Zur Biographie des Dörögd-Beckens – eine Betrachtung zur Veränderung der Landschaft durch den Menschen, beginnend bei dessen ersten Spuren

*Zsuzsana Illyés**

Die frühesten archäologischen Funde im Dörögd-Becken verweisen auf die Zeit der „alten Römer". Der römische Steinweg unter der Kapolcser Hauptstraße sowie der inzwischen wieder freigelegte Feldweg von Kapolcs zum Plattensee konnten als Teile der berühmten Via Magna identifiziert werden – jenes großen Kriegsweges also, über den die Römer das gesamte Land eroberten. Entlang des Feldweges konnten zahlreiche Funde aus römischen Villensiedlungen gemacht werden. So wurden im Egerbachtal mehrere römische Särge gefunden. Es wird ebenfalls angenommen, daß sich in der Nähe des in der Beckenmitte liegenden Kindersees, der heutzutage ausgetrocknet ist, eine bedeutende römische Siedlung befindet. Allerdings deuten keine Zeichen auf Weinanbau, der in dieser Zeit für das Balaton-Hochland typisch war.

Der sich durch das Becken ziehende, den Egerbach begleitende Kriegsweg, die in der Mitte des Beckens gelegene Siedlung und der sich auf das umliegende Lößgebiet erstreckende Ackerbau sind also die ersten Zeugen davon, *wie der Mensch seit jeher die Landschaft umformte.* Unter diesem Aspekt seien die weiteren historischen Veränderungen betrachtet.

Zu Beginn des 5. Jahrhunderts verließen die Römer wegen der hunnischen Angriffe die Provinz Pannonien. Mit der Völkerwanderung kamen Hunnen, Germanen (Longobarden), Avaren und Franken nach Transdanubien. In Kaplocs wurden Longobarden-Gräber aus dem 6. Jahrhundert, auf dem Königsteiner Plateau eine hunnische Erdverschanzung und im Norden Pulas ein kleiner avarischer Sippenfriedhof aus dem 7. Jahrhundert freigelegt. Vor der sogenannten Landnahme durch magyarische Völker fanden sich Siedlungen randständig zur zentralen Lößfläche. Entlang der Bäche und Täler entwickelten sich Verkehrswege.

Mit Beginn des 10. Jahrhunderts eroberten von Osten in das Karpaten-Becken vordringende Magyaren Transdanubien, unterwarfen die hier lebenden Völker und machten sie zu Sklaven. Aus der Zeit nach der Landnahme sind im Gebiet keine archäolgischen Funde mehr bekannt. Die weitgehend nomadisch lebenden Magyaren verlagerten je nach Jahreszeit ihre sogenannten Jurtelager. Es wird vermutet, daß sich ihre Winterlager bzw. ihre Winterweiden und -äcker an den Flüssen, ihre Sommerlager, -weiden und -äcker am Fuße der umliegenden Berge zwischen Donau und Theiß befanden.

Mit der Herrschaft der Fürstenfamilie Árpád wurde im Bereich des Landbesitzes das auf Stammes- und Sippenverhältnissen basierende Rechtssystem abgeschafft. An seiner Stelle verbreitete sich mit dem entscheidenden Sieg in der Nähe von Veszprém über die Árpád-Dynastie das christlich-römische Rechtssystem im ganzen Land. Das Sippenlagersystem wurde durch ein sogenanntes Komitatsystem ersetzt. Im Jahre 1009 lag das Dörögd-Becken in zwei Komitaten (Kolon – das spätere Zala – und Veszprém) und war zugleich königlicher

* Deutsche Bearbeitung durch Birgit Althaler und Hans-Christian Zehnter

Grundbesitz. In der Zeit Andreas des Zweiten (1205-1235) wurden diese Gebiete allerdings wieder an Sippen, Königsleute und Klöster verschenkt. Hierdurch wurde die Sippe Rátot zum bedeutendsten Grundbesitzer des Gebietes. Diese Familie ließ nach dem Tatarenüberfall die Csobáner Burg errichten und stiftete das Táloder Pauliner-Kloster (1280-1290). Durch königliche Privilegien entstand die für dieses Gebiet charakteristische oftmals nur ein Grundstück umfassende Struktur von Kleinadelsbesitz. Teils gehörten zu den Kleinadelsfamilien auch die Dorfsiedlungen. So wurden am Ende des 13. Jahrhunderts Kapolcs, Öcs, Alsódörögd, Felsödörögd und Vigánt als Adelsdörfer eingetragen.

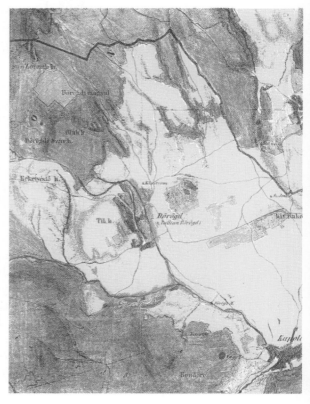

Trotz Streitereien zwischen den Magnatsfamilien, den damit verbundenen wechselnden Besitzverhältnissen und den teils vernichtenden Epidemien erreichte im 14. Jahrhundert auch das Dörögd-Becken die für Westeuropa typische Siedlungsdichte mit einem entsprechenden Entwicklungsstand. In dieser Zeit wurde das Gebiet in 14 Siedlungen aufgeteilt. Am Ende des 14. Jahrhunderts sind noch bewohnt: Öcs, Pula, Vigánt, Petend, Felsödörögd, Alsódörögd, Kapolcs, Imár, Dent, Csergö, Szentmárton, Ráskó, Dobos, Tálod.

In den meisten noch heute existierenden Gemeinden standen bereits damals Kirchen aus Stein. Offenbar existierte auch schon eine Art wirtschaftliche Spezialisierung der einzelnen Dörfer. So fanden sich in Kapolcs bereits sechs Mühlen.

Im 15. Jahrhundert wurde die Entwicklung des Gebietes durch Streitereien zwischen verschiedenen Adelsfamilien und durch die türkische Invasion unterbrochen. Das Bakony-Gebirge wurde zum Schauplatz blutiger Schlachten. Die Burgen des Balaton-Hochlandes standen unter der Verwaltung der königlich-habsburgischen Armee. Von hier aus wurden Söldner und angeworbene ungarische Soldaten eingesetzt. Während Tihany, Csesznek, Soló, Vászony zu befestigten Grenzburgen ausgebaut wurden, ließen die Habsburger das Kloster Tálod aus der Furcht schleifen, die vordringenden Türken würden es zu einer machtvollen Festung ausbauen. 1548 wurden in den Kämpfen die Orte Vigánt und Petend völlig zerstört. Die Siedlungen um die Burgen und Festungen waren doppelt gestraft: Sie zahlten dem König Steuern ... gleichzeitig aber auch den Türken; und sie versorgten die ungarischen Festungen mit allem Nötigen ... während sie den Streifzügen der türkischen und ungarischen Soldaten schutzlos ausgeliefert waren. In diesem schrecklichen Wirrwarr wurde ein Großteil der Siedlungen heidnisch. Bis auf Kapolcs verloren alle noch existierenden Siedlungen ihre Selbständigkeit. Mit der Eroberung der letzten türkischen Festung im Bakony-Land durch die Habsburger, der Festung Palota, im Jahre 1687 schien vorerst Friede einzukehren. Doch schon 1704 wurde das Gebiet wieder zum Schauplatz von Kämpfen, diesmal des sogenannten Freiheitskampfes von Rákóczi. Nach dem Szatmárer Friedensvertrag (1711) fielen die unbewohnten Gebiete den kaisertreuen Gutsherren zu. Daneben entstanden neue, gewaltige kirchliche Grundbesitze.

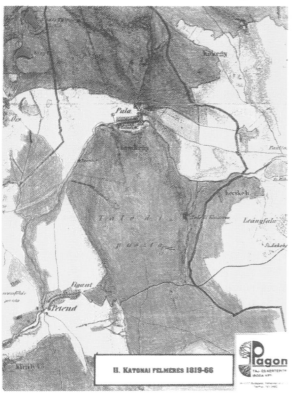

II. KATONAI FELMÉRÉS 1819-66

Im Dörögd-Becken lebte die dem Kaiser loyale Grundbesitzerfamilie der Eszterházys. Ihr gehörten die Dörfer Petend, Pula, Ráskó, Tálod, ein Teil von Vigánt, Dobos und das um das heutige Csorompuszta gelegene Gebiet. In den unbewohnten Siedlungen wurden ungarische und deutsche Leibeigene angesiedelt. Ihnen wurde versprochen, sie könnten sich durch Geld von der Fronarbeit freikaufen. Während die ungarischen Leibeigenen zwangsweise an bestimmten Orten angesiedelt wurden, ließen sich die Deutschen nur unter der Bedingung nieder, sich frei ansiedeln zu dürfen. Das konnten sie z.B. in Pula, wo sie sich überdies das Recht aushandelten, ihre Steuer auch in Geld einlösen zu können (1751). Petend wurde von ungarischen Leibeigenen besiedelt. Auch in die anderen Dörfer kamen zunehmend neue Bewohner, und Csorompuszta wurde zur Siedlung der Dienstboten und zur Meierei des Eszterházy-Gutes. Die Lebensweise der Kleinadeligen in diesem Gebiet unterschied sich wenig von der der Leibeigenen. Beide betrieben meist Bauernwirtschaft oder arbeiteten als Handwerker. Zu Beginn des 18. Jahrhunderts wurden weite Teile des Beckens als Heuwiesen oder als Weiden genutzt, so auch die bestehenden Waldungen. Wenn auch die Dokumente über den Einzug der Ackerwirtschaft ins Becken widersprüchlich sind, so ist doch deutlich, daß die ersten Ansätze dazu im 18. Jahrhundert zu suchen sind. Im Hinblick auf die heutigen Verhältnisse ist von Bedeutung, daß dort, wo die Rücksiedlung langsamer vonstatten ging, der Umbruch von Wiesen und die Rodung von Wäldern in Einzelarbeit angegangen werden mußte (Öcs, Vigánt, Alsódörögd). Wo aber die Rücksiedlung organisiert war, konnte man die Felder gleich in der Größenordnung ganzer Flure gemeinschaftlich bewirtschaften.

Zwischen 1711 und 1770 verfünffachte sich die Menge der Ackerflächen. Bis auf Pula wurde im gesamten Gebiet Weinbau betrieben. Beim Hausbau wurden in der zweiten Hälfte des 18. Jahrhunderts Holzkonstruktionen favorisiert.

Bereits am Ende des 18. Jahrhunderts zeichneten sich charakteristische Unterschiede zwischen den zu den Großgrundbesitzern gehörenden „Reichsdörfern" der Leibeigenen und den Kleinadelssiedlungen ab. In den Reichsdörfern wurden die Häuser unter der Anleitung eines Baumeisters zentrisch angeordnet. In Pula wurden nach einem Großbrand Häuser aus Stein erbaut. Zusammen mit Petend fand sich dort auch die erste Steinkirche mit Turm. Hingegen waren Kapolcs, Öcs und Taliándörögd erst am Anfang des 19. Jahrhunderts in der Lage, neue Kirchen zu errichten. Kapolcs und Öcs waren Siedlungen von Kleinadeligen. Die Gebäude waren nicht auf ein Zentrum ausgerichtet, sondern fanden sich entsprechend der schrittweisen Entwicklung eher gruppenweise zusammen, eine ordnende Denkweise fehlte. In anderen Landesteilen gab es die Gruppenstruktur auch in Leibeigenendörfern. Erst das Urbarium (1767) von Maria Theresia, d.h. die Anordnung über die Vermessung und Nutzung der Leibeigenengrundstücke nach Rechtsvorschriften, brachte allmählich eine geordnetere Struktur sowie Straßen in diese Siedlungen. Maria Theresias Anordnung galt indes nicht für die kleinadeligen Dörfer, so daß dort die alten unregelmäßigen Anordnungen erhalten blieben. Die Struktur dieser Siedlungen richtete sich nach Verwandtschaftsverhältnissen, nach Handwerken, den Ausmaßen der Hügel, der Hangneigung etc.

Zunehmende Waldverknappung und das Urbarium brachten auch für die Nutzung der Wälder einschneidende Veränderungen im ganzen Land. Bis zum Urbarium war der größte Teil der Wälder im Besitz der Bewohnerschaft der Kleinadeligen-Siedlungen. Ein weiterer bedeutender Teil gehörte den Großgrundbesitzern, und nur ein kleiner Teil durfte von den der Reichsherrschaft unterstehenden Leibeigenen genutzt werden. Die neue Verordnung Maria Theresias von 1769 schrieb nun eine strenge Nutzungsregelung für Reichswälder durch die Gutsbesitzer vor. Diese Wälder wurden infolgedessen oftmals eingefriedet und konnten nur noch unter Pacht genutzt werden.

Die Verordnung führte schließlich zu einer geordneten Waldwirtschaft (regelmäßige Rodungen, Neuanpflanzungen, Einstufung der Waldgebiete nach ihrer Wirtschaftlichkeit), wodurch die mit Wiesen durchmischten und altersmäßig vielfältigeren Waldbestände durch eine einheitlichere Zusammensetzung abgelöst wurden. Zugleich wurde durch die Betonung der forstwirtschaftlichen Ausrichtung der Waldnutzung die Weidewirtschaft unwiderruflich aus dem Wald verdrängt.

Für das Dörögd-Becken setzte hiermit eine Zeit ein, in der die Wirtschaft stark durch die Reichsmacht bestimmt wurde. Den Bauern blieb nichts anderes übrig, als sich mit ihrer Wein-, Garten- und Weidewirtschaft auf die vorgesehenen Rodeflächen zu beschränken. In Pula entwickelte sich eine Art Holzindustrie, wovon u.a. die Errichtung einer Sägemühle zeugt. In dieser Zeit wurde der Wald, der an der Stelle des heutigen Weinberges stand, für die Bedürfnisse der Bauern gerodet.

Für das 19. und 20. Jahrhundert ermöglicht die Dokumentenlage, u.a. auch anhand des vorliegenden Kartenmaterials, eine weitaus differenziertere Betrachtung. Dies gilt vor allem für die Gegend von Pula, auf die wir uns in der Schilderung der weiteren Entwicklung des Beckens konzentrieren.

Auf einer Karte von Pula aus dem Jahre 1801 war die Flur in drei Bereiche und jeder Bereich wiederum in 40 Teile aufgegliedert. Das entsprach etwa der Zahl der Leibeigenenfamilien. Daß die Ackerschläge keinen Namen trugen, spiegelt die Tatsache wider, daß die Ländereien regelmäßig per Los unter den Leibeigenen neu verteilt wurden. 1838 wurde eine urbariale Verordnung durchgesetzt, nach der die Feldstücke der Adeligen und der Nichtadeligen voneinander getrennt werden mußten. Mit der Befreiung der Leibeigenen im Jahre 1848 wurde die Gemeinschaftsnutzung der Felder aufgegeben. Die durch die Leibeigenen beackerten Bereiche wurden nun zu deren erblichem Besitz (bürgerliches Grundstückseigentum). Als Folge des bereits erwähnten Verlosungsverfahrens kam jeder ehemalige Leibeigene in den Besitz eines Feldstückes in jedem der Flurbereiche.

Im Vergleich der Pulaer Karten von 1801 und 1858 tritt die Folge eines unterschiedlichen Erbschaftsmodus bei den deutschen Ansiedlern deutlich zutage. Bei ihnen konnte nur ein Kind der Familie das Nutzungsrecht für die Ländereien erben, die anderen wurden anderweitig entschädigt. Die Feldstücke der deutschen Ansiedler waren also nicht zerstückelt.

Auf der Karte von 1858 ist außerdem noch die auch weiterhin praktizierte Vergrößerung der Agrarfläche durch Rodung der Wälder sichtbar. Die Getreidekonjunktur zu Ende des 19. Jahrhunderts führte gar zur Zurückdrängung der Weidewirtschaft und zur getreidewirtschaftlichen Nutzung selbst minderwertiger Standorte wie steiniger Hügel. Auch die Entwässerung des zentral gelegenen Kindersees wurde in diesem Zuge vorgenommen. Zugleich ging damit ein Wandel in der Viehhaltung einher. Anstelle der Hirtenwirtschaft wurde die intensive Stalltierhaltung eingeführt, was weniger, dafür aber besser beackerte Weidegebiete erforderte.

Auch im Weinanbau fand eine Entwicklung zu geordneten Weinbergen mit Keltereien statt. Die ersten Alleen wurden angelegt (Taliándörögder Weg, Weinträger-Weg), die vormals reinen Laubwälder wurden mit Föhren untermischt.

Mit der Jahrhundertwende differenzierte sich parallel zu den Gesetzen des Kapitalmarktes das Bild der Landwirtschaft. Die alten, traditionellen Gesetze hatten zwar ausgewirkt, blieben aber insofern bestimmend, als sie unterschiedliche Ausgangspositionen lieferten. So gelang es nur den Großgrundbesitzern der ehemals urbarialen Flächen, ihre Wirtschaft zu mechanisieren und einen organisierten Verkauf einzuführen. Die Kleingrundbesitzer (meist kleinadeliger Herkunft), die das Gebiet größtenteils bewirtschafteten, hatten dagegen die unfruchtbareren Böden und konnten mit der sich entwickelnden kapitalkräftigen, modernisierten Großbetriebswirtschaft, die vorwiegend außerhalb der Region angesiedelt war, nicht konkurrieren. Auch das Handwerk konnte mit den inzwischen entstehenden Großbetrieben nicht mehr mithalten. Hierdurch wurde die Region Ende des 19. Jahrhunderts – bis 1945 – zu einer der ärmsten Gegenden Ungarns.

Als im Jahre 1920 im Bakony-Gebirge Bauxitgruben eröffnet wurden, bedeutete dies duchaus eine wirtschaftliche Verbesserung für die hiesige Bevölkerung: Entweder man verließ endgültig das Becken, um in den Bergwerken zu arbeiten, oder man pendelte zwischen dem Becken und den Gruben hin und her, um das landwirtschaftliche Einkommen aufzubessern. Durch diese neue Form des Gelderwerbes waren die Bauern zumindest zum Teil von der Ackerwirtschaft befreit, und an die Stelle eines ehemals einheitlich genutzten Getreidegebietes traten nun unterschiedlichste Mischformen von Nutzungen. So nahm z.B. die Gemüsewirtschaft stark zu. Abermals breitete sich auch die Viehwirtschaft, nun bereichert durch Schafhaltung, aus.

Mit den politischen Veränderungen im Jahre 1945 wurden die bis dato herrschenden Charakteristika des ganzen Landes bedeutend verändert, der gesamte Grundbesitz neu verteilt. Die Äcker der Großgrundbesitzer sowie die Ländereien der Gemeinden wurden unter den besitzlosen Bauern aufgeteilt. Die Wälder der Großgrundbesitzer und die industriellen Anlagen wurden verstaatlicht.

Im Dörögd-Becken allerdings veränderten diese Maßnahmen das Landschaftsbild nur wenig, da es ja kaum Großgrundbesitz gab. Offenbar hat hier vielmehr die Abnahme der Bevölkerung und die Verschlechterung der Wirtschaftslage zu einer Umstellung der Acker- zu Weidewirtschaft geführt. Gleichzeitig wurden im Becken zahlreiche Steinbrüche und Gruben eröffnet. An der westlichen Grenze von Taliándörögd wurde sogar eine Bauxitgrube in Betrieb genommen. Mag sein, daß hiermit auch ein erstes landschaftsgestalterisches Interesse dazu führte, daß die befestigten Wege verstärkt zu Alleen aufgepflanzt wurden. Die ab 1957 obligatorische Vergenossenschaftlichung der Landwirtschaft brachte dann aber doch auch für das Becken erhebliche Veränderungen im Landschaftsbild und im Alltag mit sich.

In der Großbetriebswirtschaft wurde zunächst noch die traditionelle Felderaufteilung bei-
behalten. Neu hinzu kamen aber die großen Betriebsanlagen für die Viehhaltung, die Ma-
schinenleihstationen und die diese und die Dörfer versorgenden elektrischen Fernleitungen.
Auch die Wälder wurden in Genossenschaftsbesitz genommen. Dem Bauern blieben nur
der zum Haus gehörige Garten und auf der Feldmark der Weinberg, die er weiter als sein
Eigentum betrachten und pflegen konnte.

Die weitere Entwicklung der Industrialisierung der Landwirtschaft führte schließlich doch
zu einer Vergrößerung der Schläge und der damit verbundenen Ausräumung der Landschaft. Schließlich wurde der Dorfbevölkerung alle Kompetenz für die Feldmark entzogen.
Ämter übernahmen nun das Schicksal der Landschaft: das Amt für Wasserwesen über die
Wassergebiete, das Amt für Forstwesen über die Wälder; die landwirtschaftlichen Flächen
kamen in die Obhut der Produktionsgenossenschaften. Häuser wurden nach neuen Einheits-
vorschriften erbaut, die Kinder mußten zum Teil in Studentenheime oder in das nächstlie-
gende Dorf, um die Schule besuchen zu können. Aufgrund seiner Gegebenheiten erwies
sich das Gebiet jedoch im Hinblick auf die neuen Erfordernisse abermals als benachteiligt.
Junge Leute wanderten aus, das Gebiet überalterte. Schließlich wurde auch das ursprüng-
liche Gemeindesystem durch eine neue Verwaltungseinteilung aufgebrochen. Die Dörfer
wurden wie folgt auf verschiedene Behörden außerhalb des Beckens verteilt:

Dorf	Wirtschaftsverwaltung	Gemeindeverwaltung
Pula	Nagyvázsony	Nagyvázsony
Öcs	Devcser	Halimba
Kapolcs	Monostorapáti	Monostorapáti
Taliándörögd	Monostorapáti	Monostorapáti
Vigántpetend	Monostorapáti	Monostorapáti

Nach dem Zweiten Weltkrieg wurde das Landschaftsbild weiterhin nachhaltig durch die
Gruben verändert. Deren Zunahme und der Beginn des Alginitabbaus zeitigten unmittelbare
Wirkungen, während die Bauxitgruben, die wahrscheinlich für eine Absenkung des Grund-
wasserspiegels verantwortlich sind, eher indirekte Folgen hatten (siehe auch Kapitel „Geologie").

Seit den sechziger Jahren bereitet die Veränderung des Wasserhaushaltes im Gebiet Probleme, die in den achtziger Jahren sogar akut wurden. Das auch heute in der Landschaft
nachhaltigste Bild ist wohl die weitgehende Austrocknung des Egerbaches, der ja einstmals
Mühlen antrieb und jetzt von vertrockneten Bäumen gesäumt ist.

Aufgrund der benachteiligten Lage blieben die alten Wohngebäude im Becken vom Moder-
nisierungsstreben andernorts verschont. Auch die Landschaft wurde letztendlich nicht in
einem solchen Maße verändert wie z.B. im Osten Ungarns. Das führte dazu, daß das Gebiet
seit ca. zehn Jahren für den Tourismus interessant wird.

In dieser Situation erfolgte dann 1989 abermals ein politischer Umschwung. 1995 wurden
alle Feldstücke per Entschädigungsverfahren reprivatisiert, der Wald blieb in staatlichem
Besitz. Allerdings führte dieser Wechsel nicht überall zu einer sofortigen Veränderung der
Wirtschafts- und Anbauweise. Jede Siedlung verfolgte ein eigenes Konzept: Pula blieb bei

der Genossenschaft in Nagyvázsony. Öcs teilt sich die Ländereien mit Halimba. In Kapolcs wirtschaften gemeinsam Bauern aus dem Ort und aus Nagyvászony. In Taliándörögd gibt es nur Einzelbauern. Und in Vigántpetend bewirtschaften Bauern aus dem Ort, aus Nagyvászony und von der dortigen Genossenschaft die Felder.

Der übernommene Grundbesitz muß auf fünf Jahre landwirtschaftlich genutzt und darf in dieser Zeit nicht veräußert werden. Dennoch liegen einige Felder brach, weil die Besitzer nicht mehr im Becken wohnen oder zur Bewirtschaftung inzwischen zu alt sind. Auch sie dürfen die Flächen erst nach fünf Jahren umnutzen. Damit wird wahrscheinlich im Jahre 2000 ein neuerlicher Umwälzungsprozeß einsetzen, den die Gemeinden nur durch wirksame Selbstverwaltungen in den Griff bekommen können. Ein gravierendes Problem ist hierbei wiederum, daß die Gemeinden den heutigen Eigentümern von im Gemeindegebiet liegenden Kleinflächen keine eigenen Grundstücke zum Tausch anbieten können. Noch gibt es auch keine Nutzungs- oder Bebauungspläne oder ähnliche administrative Vorkehrungen. Vorerst müssen dringend Bestandserhebungen von dem gemacht werden, was überhaupt ein Entwicklungspotential verspricht.

Aus dem Heute ergeben sich verschiedene Fragen für die weitere Zukunft:
• Kann man nach mehr als dreißig Jahren Genossenschaftswirtschaft die Betriebe wieder auf die vormalige, traditionelle Wirtschaftsführung durch Kleinbauern umstellen? Welche der vielen Traditionen wäre hier ein Vorbild?
• Hat die Kleinbauernwirtschaft heute überhaupt eine reale Chance?
• Kann sich die Umstellung auf die biologisch-dynamische Wirtschaftsweise, die theoretisch möglich wäre, wirtschaftlich tragen? Würde der zahlungsfähige Westen diese Produkte einführen? Würde sich im Inland ein Markt für solche Produkte aufbauen lassen?
• Ist der Naturschutz eine Perspektive für wirtschaftliche Probleme?
• Ist überhaupt eine Förderung der traditionellen Wirtschaftsweise und die Unterstützung von Naturschutzmaßnahmen wünschenswert?
• Wenn sich der Tourismus wirklich weiter verstärken sollte, wie kann dann ein Gleichgewicht zwischen Produktion und Gastronomie erreicht werden?
• Paßt es überhaupt zum Dörögd-Becken, die touristische Ausrichtung des benachbarten Kali-Beckens nachzumachen?
• Gibt es überhaupt noch so etwas wie eine beckeneigene, mit der hiesigen Landschaft verbundene Kultur, welche die seit ein paar Jahren stattfindenden „Kunsttage" im Dörögd-Becken, die von durchaus überregionaler Bedeutung sind, rechtfertigen?
• Ist es möglich, die aus der Stadt kommenden Intellektuellen fruchtbar in das Beckenleben zu integrieren?

...

II Besinnungen im Morgenseminar

Morgenseminar

Jochen Bockemühl

Das Morgenseminar diente dazu, gemeinsame methodische Betrachtungen anzustellen, eine Verbindung zwischen der Arbeit in den einzelnen Gruppen herzustellen und einen Bogen über die aufeinanderfolgenden Tage zu spannen.

Samstag, 12. August 1995

Anfängliche Begegnungen

Drei Persönlichkeiten eröffneten gestern die Tagung: Miklós Fazekas, Bürgermeister von Taliándörögd, begrüßte die Anwesenden; Antal Reményi, Bürgermeister von Pula, führte mit Gedichten, die im Volke leben, in die Stimmung der Menschen der hiesigen Landschaft ein; und schließlich zeichnete der international bekannte Architekt Imre Makovecz als Vertreter der Architektenvereinigung Kós Károly ein eindrucksvolles Bild des ungarischen Menschen, der ganz mit der Geschichte seines Landes verbunden ist. Dabei legte er besonderen Wert darauf, diese Verbundenheit in der Gegenwart mitzusehen und sich aus der Befangenheit des täglichen Lebens zu befreien.

Gerade das ist unser Anliegen in dieser Woche: auf neue Weise an die Gegenwart anzuknüpfen. Es erfordert ein „In-die-Wahrnehmung-Kommen", was immer nur im Jetzt, im Augenblick möglich ist, nicht in der Zukunft und nicht in der Vergangenheit.

Heutzutage leben wir sehr stark in unzusammenhängenden Vorstellungen von überall her und eben nicht in der unmittelbaren Wahrnehmung der Wirklichkeit. Es ist daher eine besondere Anstrengung notwendig, um sich darüber klar zu werden, wie man wahrnimmt und was aus der Vergangenheit mit hineinspielt. So war in der Begegnung mit diesen drei Persönlichkeiten als Auftakt das Ungarn, wie es gegenwärtig in Menschen unterschiedlich lebt, anwesend.

Der danach folgende festliche Abend hat uns auf verschiedene Art und Weise befeuert. Versuchen wir, diese Befeuerung nun auch in unsere Arbeit mit hineinzunehmen!

Für das Zustandekommen dieser Tagung waren vorangegangene Begegnungen sehr wesentlich: Für viele von uns gehört dazu schon das Kennenlernen des Werkes von *J.W. von Goethe* und *Rudolf Steiner* auf verschiedene, individuelle Weise, dann die Begegnung und nachfolgende jahrelange Zusammenarbeit von Mitarbeitern und Mitarbeiterinnen von Pagony und dem Forschungsinstitut am Goetheanum, vermittelt durch *Agnes Kádas*, die jetzt auch hier übersetzt.

Begegnungen mit Menschen – mit einer Landschaft

Was geht vor, wenn man einen Menschen zum ersten Mal trifft und dann mit ihm mehr und mehr vertraut wird? Die erste Begegnung ist prägend, bildend und zugleich wie das Öffnen einer Tür. Sie schafft die Grundlage dafür, einen Menschen näher kennenzulernen. Der Name als Bezeichnendes hat wenig Bedeutung, doch der erste Eindruck bleibt wie eine Frage bestehen. Er ist der eigentliche Name, allerdings sehr stark gefärbt von dem, was man mitbringt und wie man den anderen sieht. Was ist demgegenüber die Individualität einer *Landschaft*, mit der wir uns auf dieser Tagung beschäftigen wollen? Jede Landschaft ist zwar für sich charakteristisch. Nur: Wie kommen wir an dieses Charakteristische heran? Denn wo ist diese „Landschaft"? Für eine menschliche Individualität kann man einen Ort im Raum angeben, von dem aus sie tätig ist. Das kann man für die Landschaft nicht. Aber auch eine Landschaft ist hier, wo ich bin. Alles, was wir in unserer Umgebung sehen, gehört zu ihr. Wir gehen sogar immer in ihr herum. Doch wo sind ihre Grenzen, wie entstehen diese? Wo ist die Landschaft des Dörögd-Beckens?
Antworten aus dem Publikum:
  • Ich habe das Becken noch nicht gefunden. Wo ist es?
J.B.: Für einen abstrakten Begriff, der im Programm steht, suchen wir also die Wahrnehmung!
  • Ich bin mit dem Autobus in diese Landschaft gekommen, über Hügel, von denen aus ich sie nicht genau feststellen konnte.
  • Vor sechzig Jahren hatten die Menschen hier noch eine Volkstracht, befanden sich noch in Übereinstimmung mit der Landschaft.
  • Meine Bilderinnerungen von verschiedenen Eindrücken sind schon die Landschaft, vielleicht ist das bereits die ganze Landschaft.
J.B.: Hier sollen jetzt noch keine Antworten gegeben, sondern nur Gesichtspunkte für die nächsten Tage genannt werden. Festzuhalten ist: Jeder hat seine eigenen, von den anderen verschiedenen Wahrnehmungen. Der eine hat Interesse am Menschen, die andere an Unkraut oder an der Geschichte ... Zu diesen Aspekten kommt hinzu, daß wirklich jeder und jede individuell auf diese „Landschaft" schaut. Dennoch können wir uns darüber einigen, was das Dörögd-Becken ist. Wir sind überzeugt davon, daß es etwas „Objektives" gibt. So stellt sich die Frage, wie man vom persönlichen Interesse zum „Objektiven" der Landschaft kommt, *d.h. zu etwas, woran andere Anteil haben können.*
Die Ausstellung, die uns hier umgibt, wurde von den Mitarbeiterinnen und Mitarbeitern von Pagony zusammengestellt. Sie zeigt Ergebnisse umfangreicher Kartierungsarbeiten im Dörögd-Becken zur geschichtlichen Entwicklung und zur gegenwärtigen Situation sowie einen Landschafts-Entwicklungsplan. Hier sind ja Grenzen eingezeichnet. Alles Eingetragene ist genau definiert und der Berechnung in Entfernungen und Höhen zugänglich. Ist das die objektive Landschaft?
Was wir auf den Tafeln von Pagony in einer Form vor uns haben, die man anschauen kann, ist aus Begriffen hervorgegangen, denen Wahrnehmungen zugrundeliegen. Eine Karte ist

eine Abstrahierung von Wahrnehmungen, die in den Karten selbst nicht mehr sichtbar werden. Statt dessen gewinnt man klare räumliche Bezüge. Die Karte ist eine wichtige Hilfe, sich zurechtzufinden, den Blick auf etwas Bestimmtes zu richten. Es ist jedoch nicht möglich, sie wieder in Wahrnehmungen umzusetzen. Die Bilder, die wir uns von einem auf den Plänen angegebenen Ort machen, sind ja nur Vorstellungen und keine aktuellen Wahrnehmungen. Grün bedeutet Wald. Aber was für einen Wald? Normalerweise geht man – ohne viel dabei zu überlegen – davon aus, daß sich jeder ungefähr dasselbe darunter vorstellt wie man selbst. Das ist ein Quell vieler Mißverständnisse. Nicht nur, daß sich jeder etwas anderes vorstellt und auf eine andere Weise hinschaut, sondern jeder Wald ist auch etwas ganz Besonderes!

Um vom Subjektiven loszukommen, ist es sinnvoll, auf andere Sichtweisen der Landschaft zu hören, z.B. auf die von Herrn Makovecz. Zwar kann ich mir auch alleine viele verschiedene Sichtweisen vorstellen. Zum Erlebnis werden sie mir aber erst durch einen anderen Menschen!

Auch Dinge, die ich an einem Ort vorfinde, können mir helfen, vom Subjektiven wegzukommen, wenn ich mich auf sie einlasse. Eine Pflanze wächst an einem bestimmten Ort anders als an einem anderen. Der Bezug zur Umgebung kommt in ihrer Gestalt zum Ausdruck. Tiere haben einen ganz anderen Umgebungsbezug, der durch ihre Gestalt und ihre Bewegungen sichtbar zum Ausdruck kommt. Auf wieder andere Weise sprechen Gebirgsformen und Gesteine von Umgebungen. So hat jedes Wesen eine eigene Art, Umgebung zu zeigen.

Erste Übungen und Beispiele zur Verdeutlichung des Gesagten

1. Es soll eine Pflanze, die man kennt, ausgehend von einer Umgebung, die man sich selbst vorstellt, gezeichnet werden. Es folgt eine Charakterisierung durch die Teilnehmenden, wie sich ihre vorgestellten Pflanzen an zwei vorgegebenen Standortqualitäten (feucht/schattig und sonnig/trocken/warm) entwickeln.

2. Wie spiegelt sich in der Pflanze die Umgebung wider? Ausgehend von einer Schafgarbensammlung aus dem Dörögd-Becken, die am Vortag zusammengetragen wurde, wird die umgekehrte Frage gestellt: Was für eine Umgebung gehört zu den jeweiligen Schafgarben? Die Schafgarben sind also Ausdruck einer Umgebung (z.B. Licht- und Bodenverhältnisse), deren Bezug zur Pflanze erst durch die Bildungsweise erkennbar wird.

3. Wie sieht man dem Tier an, was seine Umgebung ist? Wie werden Seelenqualitäten erfahrbar? Wir hatten auf einer Exkursion im Stoppelacker eine kurze Begegnung mit einer Feldmaus: Aus ihrer Gestalt und Bewegungsweise erschließt sich uns eine ganze andere Welt als die Umgebung einer Pflanze. In ihrem Dahinhuschen dicht am Boden kommt zum Ausdruck, was ihr Seh-, Tast- und Hörwahrnehmungen bedeuten. Das ist nichts Mystisches. In dem, wie sich ein Tier auf etwas zu- oder von etwas wegbewegt, sehen und erleben wir doch direkt, wie und mit was sich ein Tier innerlich verbunden hat.

Jede Pflanze, jedes Tier kann also Vermittler von Qualitäten der Landschaft sein. Gesteine und Bodenverhältnisse geben Bedingungen dafür ab, und Menschen entwickeln darin jeweils bestimmte Lebensstile. Ein Teil davon wird durch die Gegebenheiten der Landschaft gefördert, ein Teil entsteht durch die unterschiedlichen Interessen der Menschen. Gesamtbilder von Landschaften werden immer sprechender, je mehr man sich bildhaft auf das Zusammenspiel der gesamten Naturdinge und -wesen und deren Umgebungen einläßt.

Umgebungen von Landschaften

Auch jede Landschaft auf der Erde hat eine Umgebung. Erst kürzlich hatte ich um die Mittsommerzeit die Gelegenheit, mich auf einer Reise vom äußersten Norden Europas bis hierher nach Ungarn auf verschiedenen Etappen vergleichend in Landschaften einzuleben. Die Skizzen mögen einen kleinen Eindruck vermitteln vom Verhältnis der hiesigen Landschaft zu Landschaften Europas bis in den hohen Norden.

Stimmung am Nordkap, 25. Juni 1995, 24:00h

Im finnischen Lappland, 26. Juni 1995

Hemsön (Nordschweden), 8. Juli 1995, 23:30h

Rügen, 14. Juli 1995

Caputh bei Berlin, 22. Juli 1995

Dörögd-Becken, August 1995

Sonntag, 13. August 1995

Innen-Außen-Verhältnis von Mensch und Landschaft

Landschaft ist unsere Umgebung. Sie steht in einer rätselhaften Beziehung zu uns. Sie hat zwei Seiten: Die eine liegt in uns in Form eines bestimmten, aber schwer faßbaren Erlebnisses (oft auch „Stimmung" oder „Atmosphäre" genannt). Die zweite Seite besteht in der Tatsache, daß ja auch wir in dieser Landschaft sind. Hier arbeiten wir mit der unmittelbaren Wahrnehmung. Auch im Bedenken dieser Wahrnehmung erkennen wir zwei Seiten: Es kommt uns etwas von außen entgegen, und wir wenden uns ihm zu. Dadurch kann nur ein sehr persönliches Bild entstehen. Das Charakterisierbare der Landschaft muß dort seinen Ausgangspunkt nehmen.

Was Menschen im Laufe ihres Lebens aus ihrer Umgebung aufnehmen, verbindet sich mit ihrer Biographie. Das meiste davon bleibt unbewußt, manches bleibt angelerntes Wissen. Dadurch entstehen besondere Wahrnehmungsfähigkeiten, aber auch „Blindheiten".

Dieses Biographische ist durch die Zeitsituation immer chaotischer geworden (siehe auch Kapitel "Zur Biographie des Dörögd-Beckens" sowie "Kurzfassung der Vorträge der ungarischen Referenten"). *Es muß dieses Chaotische der Gegenwart in der Gemeinschaft ausgeglichen werden können. Eine wesentliche Aufgabe unserer Tagung ist ja gerade dies: sich gemeinsam zu helfen, an den tatsächlichen Wahrnehmungen aufzuwachen für sein eigenes Verhältnis zu eben diesen Wahrnehmungen.*

Schon Goethe hat sehr deutlich formuliert, daß wir nur das sehen, wozu wir einen Bezug haben, bis hinein in die Bildung unserer Organe: „Wär nicht das Auge sonnenhaft, die Sonne könnt es nie erblicken."

Naturreiche und deren unsichtbare Umgebungen als Aspekte der Landschaft

Pflanzen und ihre Umgebung

Um an der Wahrnehmung neu Zusammenhänge sachgerecht zu erfassen, diente auch der gestrige Versuch, uns die Pflanze zum Wahrnehmungsorgan zu machen: *Wir haben eine schwer faßbare Idee der Pflanze ("innere Pflanze"), die wir meistens mit irgendwelchen Vorstellungen verbinden.* Um Festlegungen zu vermeiden, ist es hilfreich, sich zur inneren Pflanze verschiedene Umgebungen zu denken und daraus in der Vorstellung eine immer mehr ihrer Natur gemäße Pflanze zu erzeugen.

Wenn wir nun in der Landschaft eine einzelne Pflanze anschauen, können wir uns fragen: Wie erscheint hier die innere Pflanze? Diese Art des Hinschauens, das innerliche Nach-plastizieren des Angeschauten, hat Goethe angeregt. Je mehr man das macht, desto mehr lernt man zu sehen. Indem man also seine Empfänglichkeit entwickelt, nimmt man immer mehr wahr. Die Wahrnehmung ist immer speziell, doch was dabei entsteht, ist universell in der Gedanken- und Erlebniswelt. Dies ist bei der Pflanze relativ einfach, da sie alles erscheinen läßt, was in ihrer Umgebung wirkt: Sie ist ein festhaltbares Bild ihrer Umgebung. Um dieses Verhältnis zwischen der Pflanze in uns und der real bestehenden Pflanze ging es auch in der zweiten Übung mit der unsichtbaren Umgebung bei verschiedenen Schafgarben.

Frage aus dem Publikum: Wie ist das mit dem Unsichtbaren? Die Umgebung der Pflanze sehe ich doch!

J.B.: Das stimmt in gewisser Hinsicht schon: Wir sehen, was sich an Dingen um die Pflanze herum befindet. Aber wodurch die Pflanze aus der Umgebung heraus hervorgebracht wird, das sehen wir nicht. Nehmen wir einmal das Beispiel einer üppigen, großen Pflanze: Man sieht doch allein an ihrer Erscheinungsweise, daß Wucherndes entstanden ist. Gewöhnlich urteilt man dann: „Ja, das ist wegen des hohen Stickstoff- oder Nährstoffange-botes." Aber ich stelle mal eine Gegenfrage: Zeige mir Stickstoff! Geht das? Ist hier in der Luft der Stickstoff sichtbar? Und wie ist das mit dem Dünger? Ist das Stickstoff? Man sieht ein weißes Pulver, oder man sieht einen braunen, festen Boden und stellt fest, das sei ein fruchtbarer Boden. Wenn wir dann sagen, daß hier eine Pflanze nur deshalb so üppig wachse, vergessen wir, daß wir ohne die Pflanze gar nicht von fruchtbarem Boden reden könnten. Ebenso kann uns niemand Licht zeigen. Aber wir sehen die Pflanze. Neben der Pflanze sehen wir noch alles andere mit. Weil wir an diesem Ort sehr differenziert sehen können, sagen wir: Hier ist viel Licht! Was uns zumeist fehlt, ist der Zusammenhang von Stickstoff oder Licht und dem, wie daraus eine Pflanze hervorgebracht wird. *Wir müssen die Begriffe Stickstoff und Licht als Gedanken neu an dem entwickeln, was wir wahrneh-men, um den Zusammenhang nicht nur als bloßes Wissen zu begreifen.*

Als Hinweis auf eine hierfür notwendige Gedanken- oder Begriffsmeditation möchte ich erwähnen: Stickstoff wird erst zum erlebnisgesättigten Begriff, wenn man möglichst viele Erscheinungsformen des Stickstoffes aufsucht: Salz, Luft-Sein, Üppiges an der Pflanze. Auf eine solche Weise bilden wir uns lebendige Begriffe. So können wir auch in der Pflan-

Seite 24, oben

Sehr geehrte Leser!

Bei der Herstellung der vorliegenden Broschüre »Individualität einer Landschaft« kam es zu unvorhergesehenen verfahrenstechnischen Problemen, wodurch die Bildqualität gelitten hat. Für einige Bilder schien uns eine nachträgliche Korrektur unumgänglich, so daß der Broschüre dieser »Bilder-Bogen« hinzugefügt wurde. Es bleibt zu hoffen, daß die Freude am Inhalt der Broschüre, die nach wie vor bestehenden Unzulänglichkeiten wett machen kann!

Seite 5

Seite 24, unten

Seite 39

Seite 25, links

Seite 25, rechts

ze das Stickstoffhafte entdecken. Dann wird nachvollziehbar, wie sich die Pflanze unter bestimmten Licht- und Bodenverhältnissen bildet. Das erleben wir eigentlich schon immer instinktiv mit. Aber ohne solche Übungen bleiben diese Erlebnisse verdeckt, und man bleibt an dem Gelernten hängen. Durch die mit den Übungen erworbenen Fähigkeiten wird das reine Sachwissen massiv befruchtet, und man befreit sich von Vorurteilen!

Es gibt Menschen, die solche Fähigkeiten quasi von Natur aus mitbringen. Andere müssen sie erst entwickeln. Für uns hier ist entscheidend, daß diese Fähigkeiten entwickelbar sind.

Nicht im Wissen, sondern im Entwickeln der exakten Wahrnehmungs- und Erlebnisfähigkeit sowie im Bewußtwerden dessen, was man mit seinen Begriffen denkt, liegt der Sinn unserer Tätigkeit.

Tiere und ihre Umgebung

Nun wieder zurück zur Umgebungsfrage: Wie ist das mit der Umgebung bei den Tieren? Es scheint viel schwieriger zu sein, deren Lebenszusammenhang zu erfassen und zu begreifen. Sehr viel Einleben in die Landschaft ist notwendig, um einen Sinn dafür zu entwickeln, was das Tier für die Landschaft bedeutet.

Auf unserem Gang mit der Arbeitsgruppe sahen wir beispielsweise gestern zwei schöne Schmetterlinge (Admirale) um eine Stelle an einem Eichbaum tanzen. Durchs Fernglas sah ich zu meiner Überraschung einen Hirschkäfer auf einem Ast. Die Admirale setzten sich immer wieder neben ihn hin und stubsten ihn an. Er rückte etwas zur Seite, blieb aber sonst unbewegt. Man findet wohl keine Pflanze, die sich für einen Hirschkäfer interessieren würde. Über die Bewegung wird man hier in eine Welt hineingeführt, die nichts mehr mit direkten Beziehungen der Bildungsweise zu Boden, Licht etc. zu tun hat, *sondern sich auf bereits durch das Tier bestimmte Wahrnehmungen bezieht. Diese Welt ist erlebbar durch die Gestalt im Zusammenhang mit Bewegungen.* Im Falle des Beispieles erleben wir etwas von der Welt, in der offenbar die Schmetterlinge und der Käfer leben. Ich kann nicht die Gefühle der Tiere haben. Ich kann aber etwas erleben, was sachgemäß als ihre Äußerungen zu ihnen gehört. Bewegung und Gestalt deuten auf etwas hin! Die Schmetterlinge zeigten mir einen bestimmten Punkt am Eichbaum, ohne daß ich vorerst verstehen konnte, warum. Offenbar hatte der Punkt sowohl für den Schmetterling als auch für den Hirschkäfer eine bestimmte Bedeutung. *Ich kann nicht über Gedanken und Erlebnisse dieser Tiere reden, aber ihre Beziehungen kann ich als ein Deuten auffassen und sehen, wie das Tier ganz in dieser Bedeutung lebt. Es bewegt sich und deutet damit auf einen innerlichen Bezug zu einer bestimmten Stelle.* Dieser würde noch deutlicher, wenn ich die Tätigkeiten weiter beobachten könnte. Auf diese Weise die Bewegung miterlebend, erfahre ich für die beteiligten Tiere aktuell wesentliche Beziehungen.

Wir haben die Möglichkeit, uns im Mitgehen selbst zu beobachten. Das Tier kann das nicht. Der Schmetterling kann nicht sagen: Jetzt beschäftige ich mich mit der Landschaft. Er lebt jedoch ganz einen Aspekt in dieser Landschaft und macht uns auf bestimmte Qualitäten aufmerksam, in denen er lebt.

In einem nächsten Schritt kann ich wieder das Wissen zu Hilfe nehmen und mich fragen: Wieso gibt es hier Hirschkäfer und anderswo nicht? Die Ökologie verfolgt, welche Bedingungen der Käfer zum Leben braucht. Der erwachsene Käfer braucht einen anderen erwachsenen Käfer. Dann braucht er einen Ort, um Eier zu legen: nicht auf einem Ast, sondern in alten Eichbäumen, die verrotten, in moderndem Mulm, wo sich die Larven über viele Jahre entwickeln. Wo es so etwas nicht mehr gibt, kann man auch keinen Hirschkäfer mehr erleben.

Umgebung des Menschen

Als Mensch begegnet man anderen Menschen in der von ihnen gestalteten Umgebung. Man sieht ihre Tätigkeit und die Folgen derselben. Die Begegnung mit sich selbst ist am schwierigsten. Man entdeckt seine Eingeschränktheit und seine Vorurteile am besten, wenn man sich auf Gespräche mit anderen Menschen einläßt. Ich will deshalb den Vortrag von István Kálmán vom gestrigen Abend noch einmal in Erinnerung rufen. *Es ging darum zu zeigen, daß Vergangenheit in den Menschen und in der Landschaft lebt, und diese Vergangenheit ins Bewußtsein zu holen. Dies sollte nicht durch Geschichtsbücher geschehen, sondern konkret an dem Ort, an dem man ist und sich mit dem Vorhandenen auseinanderzusetzen hat. Das verlangt ein behutsames Vorgehen.*
Der erste Schritt in die Vergangenheit ist die Erinnerung und vor allem das Wiedersichtbarmachen derselben, z.B. in Erinnerungsskizzen. Diese Übung hat zwei Seiten: a) etwas genau zu sehen und in uns verschwinden zu lassen und b) etwas sichtbar zu machen, was der früheren Wahrnehmung entsprechen soll. Das ist letztendlich völlig unmöglich, allein schon, weil die Originallandschaft nicht auf Papier zu bringen ist. Trotzdem ist das Bemühen um Exaktheit außerordentlich wichtig. Es gilt darauf zu achten, ob mir die Darstellung so ge-lungen ist, daß der Inhalt erkennbar und zugleich die *Stimmung* erlebbar ist. Beides besteht in dem, was die doch so unterschiedlichen Bilder, das Wahrgenommene und das Gezeichnete, gemeinsam haben und was auf diesem Wege in uns zu erwachen beginnt. Der zweite Schritt führt uns weiter zurück in die Vergangenheit. Hier müssen wir am Gesehenen das Bild früherer Zeiten rekonstruieren. Aber obwohl wir das so exakt wie möglich machen müssen, ist das Rekonstruieren als *Tätigkeit* wichtiger als das gewonnene Vorstellungsbild, das aus dieser Tätigkeit hervorgeht. *Für das Erleben der Vergangenheit ist das Rekonstruierte nicht Wahrnehmung, sondern „Symptom", an dem man sich die Lebenssituation der damaligen Zeit vergegenwärtigt.*

Montag, 14. August 1995

Gestern haben wir von der ersten Arbeitsgruppe einen Ansatz geschildert bekommen, wie man die Landschaft eines Ortes als ein Ganzes erfährt. Wir haben uns weiterhin Gedanken zu der Frage gemacht, *wo sich das, was wir Landschaft nennen, und das, was ihre Stimmung ausmacht, befinden. Wir haben auch das wechselseitige Verhältnis von der Art des Hinschauens und der gegenwärtigen Wahrnehmung beschrieben.* Hierzu zwei Anmerkungen:

a) Man sieht und erlebt etwas;

b) das Erleben wird zusammengebracht mit dem, was man Umkreis oder Landschaft nennt.

Nicht die Dinge sind die Landschaft, sondern das, was zusammen mit den Dingen ein Ganzes bildet. Die Dinge bestehen nebeneinander, aber Landschaft ist eben der ganze Zusammenhang, zunächst im Raum, dann aber auch in der Zeit.

Stimmung der Landschaft und Stimmung der Vergangenheit

Das Ziel unserer Übungswoche ist es, einen persönlichen Bezug zur Landschaft in der Gegenwart hier zu entwickeln und darin die Geschichte zu entdecken. Darauf aufbauend können dann die Fragen nach den Zukunftsmöglichkeiten und nach den Schutznotwendigkeiten gestellt werden.

Bewußtmachen und Vermitteln der Stimmung durch verschiedene Arten der Wiedergabe

„Landschaft" kann man malen. Das heißt, man versucht hereinzunehmen, was man „sieht", und es für andere sichtbar zu machen. Eine Übung hierfür ist, etwas anzuschauen, es mit in die Nacht zu nehmen und erst am nächsten Tag aus der Erinnerung zu zeichnen.

Hierbei wird etwas aufgenommen, versinkt dann in uns und wird schließlich beim Zeichnen – nun von innen heraus – *neu* erzeugt. Die Bilder werden ja nicht wie in einer Schublade in uns aufbewahrt, sondern jeweils ganz neu geschaffen! Im neu Geschaffenen werden wir mit uns selbst und unserer Beobachtungsfähigkeit konfrontiert, die sich immer mehr ausbilden läßt. Jedes Bild enthält zugleich einen bestimmten Standpunkt, von dem aus ich die Welt sehe. Es ist durchaus eine vollständige Welt, die ich so sehe. Sie wird wirklich durch meinen Blickpunkt.

Was kann man von der Stimmung einer Landschaft vermitteln, wenn man schwarz-weiß oder mit Farben malt? (Eine Schwarz-Weiß-Skizze und eine entsprechende Skizze in Farbe von der gleichen Sicht des Dörögd-Beckens werden gezeichnet.)

Ein Schwarz-Weiß-Bild zeigt vor allem das Hell-Dunkel. Mit den Konturen kann die Komposition der Einzelelemente herausgearbeitet werden. So gibt es Orientierung, vielleicht auch mehr gedankliche Zusammenhänge.

Das Farbbild betont dagegen die Stimmung. Es wird einem z.B. eher bewußt, wieviel in der Landschaft eigentlich die Vegetation ausmacht. Man erfährt etwas vom Lebenszustand. Durch saftiges, blasses oder dunkleres Grün und unterschiedliche Durchmischung mit Rot und anderen Tönungen erscheint eine Vielfalt von Stimmungen, ohne daß vielleicht schon Details gezeichnet sind. So kommt in diesem Fall auch die sommerliche Situation besser heraus, während das farblose Bild zeitloser erscheint (siehe z.B. Kapitel "Naturschutz im Dörögd-Becken").

Tages- und Jahreslauf

Eine Landschaft ist nicht immer gleich, sondern ihr An-Blick ändert sich fortwährend: Morgens sind vielleicht Berge und Farben noch im Nebel verdeckt. Die Konturen sind verschwommen. Um Mittag nimmt die Farbigkeit zu, dafür gibt es kaum Schatten, alles wirkt flacher. Abends wechseln Schatten mit farbigem Aufleuchten, bis alles in der Dämmerung verloren geht. Nur bei Vollmond können dann farblose Konturen der Gebirge und der Bäume wieder deutlich zu sehen sein, in einer fahlen Umgebung.

In der wechselnden Farbigkeit und im Auf- und Abklingen der Konturen erleben wir Verwandlung im Tages- und Jahreslauf, durch unsere innere Verbindung mit der Landschaft aber etwas Gleichbleibendes. Dieses läßt sich durch Formen vor allem der Gebirge mithilfe der Schwarz-Weiß-Zeichnung hervorheben. Mit ihren Formen hat die Landschaft einen unmittelbaren Bezug zum Himmel. Die Art und Weise, wie die Erde mit ihren Formen an einem bestimmten Ort dem Himmel exponiert ist, bildet die Begrenzung für den besonderen Ablauf von Tag und Jahr. Die Exposition der Erde zum Kosmos bildet aber zugleich die Bedingung für Entwicklungsmöglichkeiten, die anderswo nicht bestehen. Was auf Lebendigkeit und absterbende Tendenzen im Wandel aufmerksam macht, kommt mehr durch die Farben der Atmosphäre und der Vegetation zum Ausdruck.

Geschichte der Landschaft

Ergreifen der in der Landschaft liegenden Möglichkeiten in verschiedenen Zeiten

Für Vegetation und Bergformen hat man ein unmittelbares Wahrnehmen. Diese Wahrnehmung kann zur Frage nach den Möglichkeiten anregen, die in der Landschaft liegen. Welche Möglichkeiten sind von den Menschen ergriffen worden, welche nicht? Die Orte am Rande des Beckens stehen für die Gegenwart. Wir finden aber auch Ruinen, die nicht am Rande stehen. Was bedeutet es, sich am Rand oder aber im Beckeninneren anzusiedeln? Damit kommt etwas Geschichtliches in der Landschaft gegenwärtig zum Ausdruck; ein Unterschied der Beziehung der Menschen zur Landschaft in verschiedenen Zeiten.

Nehmen wir hierzu den Vergleich mit einem auf bestimmte Weise gewachsenen Baum: Im Baum spiegelt sich die unsichtbare Umgebung. Er hat als Bäumchen an einem bestimmten Ort, vielleicht frei wachsend, begonnen. Dann hat sich seine Umgebung verändert. Seine ganze Geschichte ist anwesend. Und heute können wir an seiner Wuchsform durch Harmonisches und Widersprüchliches ablesen, wie sich der Ort im Laufe der Zeiten verändert hat. *Im Rekonstruieren der Vergangenheit hole ich diese in die Gegenwart.* Übertragen wir das alles nun auf den Zusammenhang des Menschen mit seiner Geschichte: Der frühere Baum ist im heutigen noch enthalten, aber

nicht so, wie er früher war. Man kann ihn unmöglich wirklich rekonstruieren, die Zeit nicht zurückkurbeln. *Entscheidend ist, daß wir heute auch anders wahrnehmen als die Menschen von früher.* Selbst wenn wir die Zustände der damaligen Zeiten anhand der heutigen Befunde bis ins Detail zu rekonstruieren versuchen, werden wir das Rekonstruierte nie in derselben Weise wahrnehmen können wie die Menschen von damals. *Wir können jedoch versuchen, uns anhand dieser Befunde und Rekonstruktionen in das Lebensgefühl der damaligen Menschen zu versetzen, um ein Empfinden dafür zu entwickeln, wie sie die Welt wahrgenommen haben.* Nehmen wir als Beispiel die Kirchenruine bei Taliándörögd. Man könnte sie sicherlich detailgetreu rekonstruieren, doch worauf es dabei ankäme, wäre ein langsames Sich-Herantasten an das Lebensgefühl der Menschen, die diese Kirche in früheren Zeiten belebten, und an das, was für sie damals Wirklichkeit war.

Mittwoch, 16. August 1995

Neuschaffen des Ganzen der Landschaft in der bewußten Anschauung

Die letzten zwei Tage waren sehr ereignisreich. Wie schaffen wir es, diese Erlebnisse innerlich zusammenkommen und eine Ganzheit bilden zu lassen? Es ist nicht immer leicht, dem Erleben eine Ordnung zu geben. *Es ist aber eine hilfreiche und sozial förderliche Übung, gemeinsam einen Rückblick zu machen und im gegenseitigen Mitteilen seine Erinnerungen zu ergänzen. Das schult die Fähigkeit, auf neue Ereignisse exakter und zusammenhängender eingehen zu können.*

Rückblick auf die Exkursion vom Vortag durch das umgebende Land bis zum Plattensee

Menschen-Begegnungen

Erste Begegnung: Auf unserer letzten Station an einem großen Steinbruch begegneten wir Professor Mihály Möcsény und seiner Frau. Sofort hatten wir den Eindruck, mit ihnen entstehe eine ganze Welt vor uns. Die ganze sichtbare Landschaft war durchdrungen von diesem Professorenehepaar: ein von Menschen gestalteter Raum, Ausdruck einer 25 Jahre langen Tätigkeit. Ein Teil aus den Anfängen der gemeinsamen Biographie dieser Menschen und des Steinbruchs war in Form des Holzhäuschens noch zu erkennen. Doch daneben war der ganze Steinbruch durchsetzt vom Haus, den Galerien, Wegen und Steingärten. Vielleicht gab es am Anfang ein grobes Gesamtkonzept für die Gestaltung. Im Lauf der Verwandlung des Ortes entstanden nach und nach neue Bilder, die dann Stufe für Stufe in die Sichtbarkeit traten. Eine nicht konkret gefaßte Vorstellung hat sich mehr und mehr in spezifischen Bildern ausgeformt, Keimhaftes ist sichtbar geworden. Dieser Prozeß hat sich nicht nur auf das Ehepaar beschränkt, sondern viele Menschen erfaßt, die mit ihnen in Verbindung stehen. Der persönliche Bezug zu diesen zwei Menschen wirkt durch die ehemalige Studentenschaft des Professors, die sich zum festlichen Empfang dieses Abends versammelt hatte, in die Welt hinein. So ist nicht nur ein landschaftsprägendes Bild nach außen entstanden. In den Menschen konnten ebenfalls neue Anfänge, neue Keime gesetzt werden, die sich nun auch selbständig entwickeln können.

Zweite Begegnung: Vorangegangen war das Gespräch bei einem Weinkeller. Der passionierte Kelterer, der gleichzeitig Bürgermeister ist, vertrat vor allem seinen Wein, und es war schön, mit anzusehen, wie er offenbar ganz damit lebt. Seine besondere Beschäftigung ist die Pflege seiner Weinsorten. Es war eindrucksvoll zu erleben, mit welcher Sorgfalt die Proben aus den Fässern gezogen werden. Am selben Ort war auch ein Naturschutzwart, der die Situation wie von oben her anschaute. Es wurde deutlich, daß jeder der beiden mit seiner eigenen Betrachtungsweise der Landschaft dazu gekommen ist, ganz andere Werte zu pflegen. Die angestrebten Bilder widersprachen sich. Das Gespräch mit ihnen glich demjenigen mit den Bauern hier in Taliándörögd am Vorabend. Jeder sah andere Nöte. Immer wieder wurde die Angst deutlich, daß die Existenz durch Gesetze oder Wirtschaftsmechanismen bedroht sein könnte. Sehr verschiedene Welten wurden vertreten, die sich zunächst nicht unmittelbar vertragen.

Dritte Begegnung: Noch vorher waren wir mit den Naturschutzinteressen in bezug auf einen schönen Basaltsteinbruch konfrontiert. Der Steinbruch stellt eigentlich eine Scharte im natürlichen Relief dar, macht aber gerade den schönen Verlauf der Basaltsäulen sichtbar. Hier wäre es streng verboten, ein Haus hinzubauen. Eine Renaturierung, die die Säulen weiterhin sichtbar hält und das Hausbauen verbietet, ist naheliegender. Damit soll keine Wertung vorgenommen, sondern auf Widersprüche hingewiesen werden, die sich notwendigerweise ergeben und die sich nur im konkreten Fall im gemeinschaftlichen Abwägen der Interessen lösen lassen.

Das Beckenmotiv

In den vergangenen Tagen haben wir versucht, uns ein Bild vom Ganzen des Dörögd-Beckens zu machen. Ist nun dieses Becken einmalig oder nicht? Man hat sicherlich ein Gefühl dafür, daß es einmalig ist. Je intensiver dieses Gefühl wird, desto mehr kommen wir ins Individuelle hinein. Die Form, in der die gestrige Exkursion geplant war, erlaubte uns, die am Dörögd-Becken entwickelte Becken-Anschauung an weiteren Orten anzuwenden und so das gleiche Motiv in seinen vielfältigen Verwandlungsmöglichkeiten wiederzuerkennen und zu erleben.

Burg der Familie Vázsony
Zunächst sah man nur einen Turm. Dann war man auf dem Turm, sah ihn selbst also nicht mehr. Dann erkannten wir im Hintergrund den Berg mit den beiden Antennen wieder, nun jedoch von der anderen Seite als bisher. Schließlich konnte man erkennen, daß diese Landschaft ein weiteres Becken bildete, das sicher flacher und in seinem Inneren auch hügeliger ist als das Dörögd-Becken.
Im Dörögd-Becken hatten wir bisher Klöster, Kirchen und Siedlungen, aber keine Burg entdeckt. Hier in diesem Becken aber wurde deutlich, daß die Umgebung früher von sehr heftigen Auseinandersetzungen geprägt gewesen sein muß. Die Burg ist hierfür ein zentrales Symbol: Der Kampf um Ungarn konzentrierte sich offenbar zum Teil gerade auf dieses Becken.

Basaltsteinbruch und Blick ins Kal-Becken
Das Kal-Becken ist sehr groß, mit viel Basalt und Weinbau. Es unterscheidet sich stark vom Dörögd-Becken. Andererseits sieht man insofern eine Verwandtschaft, als sich in beiden auf der Höhe Wasser findet und im Tal unten vertrocknete Feuchte. Im Dörögd-Becken ist in der Mitte ein Hügel mit einem Kreuz, im Kal-Becken hingegen ein Teich, vor dem Skulpturen stehen, die nordischen Pfahlgöttern ähneln sollen.
Im nachdenkenden Vergleich fällt auf, daß im Dörögd-Becken die moderne Wissenschaft eingezogen ist, z.B. durch die Radaranlagen für Sputniks, aber auch durch die wissenschaftlichen Studien von Pagony, während sich heute im Kal-Becken eher der Tourismus ausbreitet.

Halbinsel Tichan
Wir hatten einen Ausblick auf ein Becken, das sich über den ganzen Plattensee (Balaton) ausbreitete; nebenan stand eine extrem von Touristen umflutete Kirche.

Landschaft auf dem Weg nach Hause
Hier hat sich früher auch einmal das Wasser des Plattensees ausgebreitet. Dann legte man das Gebiet trocken und nutzte es landwirtschaftlich. Jetzt sind hier ebene Landbereiche, aus denen einzelne Vulkankegel herausragen. Die Situation ist nicht mehr so recht als eigenes Becken erkennbar. Das Gebiet gehört wohl noch zum Balaton-Becken.

Wir sind also mit einer Blickrichtung, die wir uns in der Gegend hier erworben haben, in die umgebenden Gebiete gereist und haben entdeckt, wie sich der Typus des Beckens in vielfältiger Weise abgewandelt in der Landschaft nördlich des Balaton wiederholt, aber auch, daß man dann mit dieser Betrachtungsart an eine Grenze kommt, wo anderes beginnt.

Donnerstag, 17. August 1995

Die Frage der Gesichtspunkte und ihre sozialen Konsequenzen

Gestern morgen haben wir einen Rückblick auf die weitere Umgebung der Landschaft des Dörögd-Beckens gemacht. Es ist deutlich geworden, daß solch eine Beschäftigung den Blick öffnet für die weitere Umgebung und sich damit wieder tiefere Einsicht in das Dörögd-Becken gewinnen läßt.

Ganzheit hängt davon ab, worauf man seinen Blick richtet. So könnte man auch sagen, daß Ungarn insgesamt ein großes Becken darstellt und Öcs ein ganz kleines, je nachdem, von was wir in der Betrachtung ausgehen. Das gibt vielleicht schon teilweise Antwort auf die Frage: Was ist eine Landschaft? Wir haben schon gesehen, daß es nicht nur Becken gibt. Die Umgebung von Budapest ist auf einen Berg hin orientiert, eine Landschaft mit einem ganz anderen Charakter. *Durch Einengen des Blickes und durch Bewußtmachen dieser Einengung kommt man also zu weiteren Wahrnehmungen. An jedem Ort gibt es gerade auch anderes, was nicht der vorgegebenen Blickrichtung entspricht. So wird das Bild der Landschaft immer reicher.*

Die Becken erscheinen jedes für sich als individuelle Einheiten mit eigener Geschichte, die in der Gegenwart noch sichtbar ist, mit vielen Fragen an die Zukunft. Das Gleichartige ist nur der Hintergrund, um an das eigentlich Interessante, das Individuelle heranzukommen.

Reist man als Tourist ohne Vorbereitung herum, so fällt einem das meiste von dem, was wir sahen, nicht auf, oder man bringt es nicht in einen sachgemäßen Zusammenhang. Es bedarf einer besonderen Anstrengung, die getrennt wahrgenommenen Bilder und Ereignisse einerseits äußerlich zu ordnen, beispielsweise anhand einer Landkarte, andererseits aber innerlich so zusammenzubringen, daß eine Gesamtanschauung der Landschaft entsteht. Je deutlicher man sich seine Betrachtungsweise in der Vorbereitung macht und je anschaulicher und exakter man übungsweise solche Rückblicke pflegt, wie wir es hier versucht haben, desto sicherer wird die Fähigkeit ausgebildet, im konkreten Fall mehr Einsicht in die besondere Situation zu gewinnen.

Ein anderer Gesichtspunkt zur Betrachtung des Gebietes, mit dem wir uns hier beschäftigten, ist beispielsweise der Bezug zu den Mühlen: Geht man von diesem Aspekt aus, würde man mehr dem Tal des Flußlaufes nachgehen. Dann bekäme die Verbindung zwischen Kapolcs und Pula einen anderen Stellenwert. Auf diesem Wege könnte man vielleicht entdecken, daß auch die politische Zuordnung der Ortschaften zu Gemeinden außerhalb des Beckens, die uns bisher als seltsam erschien, unter einem bestimmten Gesichtspunkt durchaus begründet sein könnte. Doch das ist jetzt nicht unser Anliegen. Läßt man den Flußlaufgesichtspunkt und den Beckengesichtspunkt sich gegenseitig durchdringen, wird das Bild vom Dörögd-Becken jedenfalls lebendiger.

Entstehen des Individuellen der Landschaft mit dem Menschen

Auch politische Bezüge und Besitz schaffen Grenzen, welche zur *Individualisierung* der Landschaft beitragen. In sehr frühen Zeiten lebten die Menschen hier noch nomadisch. Sie lebten zwar auch in dieser Landschaft, griffen aber weniger prägend, gestalterisch ein. Die Landschaft konnte deshalb noch keine solch *örtliche Individualität* bekommen. Diese entstand erst mit der Besitzergreifung durch den Menschen.

Zsuzsana Illyés hat uns bei der Ausstellungseröffnung die Entwicklung in der Besitzverteilung geschildert, die sich immer stärker differenzierte und festigte. Solch eine Entwicklung ist gut mit der Entwicklung eines Menschen vergleichbar: Nur dadurch, daß ein Mensch sich nach und nach einen ganz bestimmten Leib formt, der aber entwickelbar bleibt – nicht nur der äußeren Form, sondern auch der Bewegungsmöglichkeit nach – kann er individuell tätig werden. Das wird besonders deutlich im Hinblick auf die Beziehung der Seele eines Menschen zu seinem Leib: Kann er sich in diesem Leib wohl fühlen? Welche Möglichkeiten sind ihm gegeben, etwas zu tun? Der Mensch muß klare physische Bedingungen haben, bevor er Eigenständigkeit und Freiheit erlangen kann. Auch die Landschaft wird individueller, je deutlicher in der Kontur sichtbar wird, was zusammengehört, und je vielfältiger die Lebensbeziehungen sind, die sie ermöglicht.

Moderne Probleme der Individualisierung und deren Überwindung

Wir leben in einer Zeit, in der ein Übergang von der Volksgruppen- zur Einzelindividualität stattfindet. Früher haben sich bestimmte Volksgruppen so stark individualisiert, daß sie in ihrer Selbstbehauptung die anderen zu Feinden machten. Hier ist ein Aufwachprozeß dahingehend notwendig, daß man die anderen kennenlernt und nicht bekämpft. Man muß versuchen, in sie hineinzuschlüpfen, um in ihrem Sinne denken zu lernen und sich durch sie bereichert zu fühlen. Hierdurch entsteht mehr Freiheit statt weniger! Die Bedeutung dieser Tagung liegt ebenfalls darin, die anderen in ihrem Land, in ihrer Welt wahrzunehmen. Das wird in den Arbeitsgruppen geübt, und es muß Lebensstil werden.

Jeder Mensch stellt gewissermaßen eine eigene Landschaft dar. Auch bei ihm kann man nach den Grenzen fragen. Aber vielleicht ist es besser, den Vergleich mit einer Landkarte zu machen: Die Landschaft ergibt von jedem Punkt aus jeweils ein geschlossenes Bild, das die Bilder anderer Orte ausschließt. Trotzdem ist es eine Landschaft, in der zahlreiche Sichtweisen zusammenkommen.

Die Aufgabe unserer Woche ist es, den Gesichtspunkt der Einheit des Beckens Lebensstil werden zu lassen. Hat sich ein solcher Prozeß entwickelt, kann anderes folgen: Dann kann man seine eigene Landschaft in Beziehung setzen zu anderen Landschaften. Als geschichtliches Beispiel dafür kann die Schweiz gesehen werden, die durch viele Kämpfe, viel Leid und viel Hin und Her schließlich ein eigenständiges Land geworden ist. Obwohl sie vier verschiedene Sprachgebiete, verschiedene Menschentypen und Landschaften umfaßt, können sich alle als Schweizer bzw. Schweizerinnen fühlen. Ein anderes Beispiel ist die Region um Basel, das sogenannte Dreiländereck, wo die Schweiz, Deutschland und Frankreich miteinander (unterhalb der Regierungsebene) Lebensbeziehungen aufgenommen haben. Dieses Dreiländereck kann als eine Landschaft betrachtet werden, obwohl es sich politisch um drei Teile handelt. Jedes Land hat Beziehungen zu den beiden anderen. Eine gemeinsame Zeitung ist entstanden, die über die drei Länder diskutiert, in der Veranstaltungen bekanntgegeben werden etc. Auf diese Weise wird das Bewußtsein auf die Nachbarn gelenkt. Man schafft sogar neue „Länder", wie hier die „Regio Basel" – und dies nicht durch Eroberung, sondern durch freiwillige Zuwendung und unter Erhalt der Eigenständigkeit. Eventuell wird sich jetzt Ähnliches zwischen Tschechien, Deutschland und Österreich ergeben. Frühere Feindschaften und Animositäten können durch solche Regionenbildungen entschärft werden. *Letztendlich geht es hier um die Frage, wie sich Individualität bilden kann, die Freiheit im Lebenszusammenhang schafft.* Auch hier in Taliándörögd konnten wir erfahren, wie sich solche Prozesse immer nur über persönliche Initiativen anbahnen, die sich mit denen anderer Menschen zusammenfinden. Verbindungen können nur von unten durch die einzelnen Menschen entstehen. Je besser das „Von-Unten" funktioniert, desto eher müssen auch die Regierungen darauf eingehen.

Freitag, 18. August 1995

Werte einer Landschaft

In der Veranstaltung am gestrigen Abend sind wir Menschen begegnet, die in ihrer Funktion als Bürgermeister Verantwortung für Mensch und Landschaft übernommen haben, aber auch der Art, wie sie diese erleben. Sie vermittelten uns ein Bild der Biographie der hiesigen Menschen von der Vergangenheit bis in die Gegenwart. Alle Bürgermeister fühlen sich stark mit der Landschaft verbunden. Anhand ihrer Erzählungen können wir noch einmal anders auf die Landschaft schauen.

Offenbar hat das Leben die Bürgermeister auch zu Vorstellungen darüber geführt, wie es hier zukünftig weitergehen soll, und der größte Teil der Bevölkerung fühlt sich mit diesen Zielsetzungen verbunden. Die Bürgermeister vertreten zwar sehr unterschiedliche Meinungen, doch wurden sie in ihrem Bemühen, die Gemeinden und die Landschaft zu begleiten bzw. zu leiten, eben einerseits von den Bürgern ihrer jeweiligen Orte gewählt und sind andererseits gewillt, diese Gemeinschaft zu entwickeln.

Zum Beispiel der Bürgermeister von *Pula*. Er ist der älteste in dieser Runde, und es ist bestimmt kein Zufall, daß er auch Deutsch spricht. Wie wir bereits gehört haben, leben in Pula Nachkommen deutscher Einwanderer, unter denen die deutsche Sprache noch lebt. Kennt man die Hintergründe, so kann man diese Herkunft auch im Baustil wiederentdecken. Der Bürgermeister von Pula sagte sich: „Mein Dorf muß auch ein klein wenig Stadt sein." So baute immerhin ein Mitarbeiter von Imre Makovecz in Pula ein Gebäude, auf das der Bürgermeister und seine Gemeinde sehr stolz sind. Es ist interessant, daß hier nun gerade viele jüngere Menschen im Gemeinderat sind, unter denen eine Unsicherheit darüber besteht, wie es denn weitergehen kann. Dies ist ein Symptom für viele andere Fragen, nicht nur für den Entwicklungsplan, der von Pagony als Vorschlag erarbeitet wurde.

Für den Bürgermeister von *Öcs* ist die Welt viel einfacher: „Das klappt schon alles." Man hat noch etwas Geld in der Gemeindekasse, und damit kann man die Straßen neu bauen lassen.

So sind die Menschen vor Ort bestimmend für das, was dort geschieht. Der Bürgermeister von *Taliándörögd* wirkt viel jünger als der von Öcs, obwohl er es nicht ist. Für ihn ist klar, daß es noch sehr vieles andere im Leben gibt als wirtschaftlichen Aufschwung. So ist es nicht erstaunlich, daß in seinem Ort eine neue Volkshochschule und ein Tagungszentrum entstanden sind. Das Leben besteht nicht nur aus dem rein wirtschaftlichen Überleben, sondern aus dem, was die Menschen erfüllt. In der Zusammenarbeit mit Pagony ist diesem Bürgermeister deutlich geworden, auf was es ihm ankommt: „Ich kenne doch nicht alles an meinem Heimatort, wie ich vorher dachte! Ich kann die Welt neu und anders sehen lernen." Beim Einbringen eines Entwicklungsplanes kommt es also auf die Vorbereitung am Ort an. Dem Bürgermeister von Taliándörögd war es besonders wichtig zu erleben, was es heißt, seine Umgebung neu und bewußt kennenzulernen. Daraus kann durch ihn selbst ein anderes Verhältnis zu einem modernen Entwicklungsgedanken entstehen.

In diesem Zusammenhang möchte ich auch ein paar Erinnerungen an mein Seminar in *Kapolc*s vor fünf Jahren anfügen: Die Exkursionen wurden damals vom Pfarrer und vom Bürgermeister des Ortes geleitet. Wir hatten Pflanzen mitgenommen, so die Rote Taubnessel in verschiedenen Exemplaren. Über sie konnten die Bilder der Orte neu entstehen.

Dann wurde an einem Abend die Bevölkerung eingeladen, und zu meiner Überraschung war der Raum voll. Wir unterhielten uns über das Thema der Elementarwesen.

Meine Frau wählte als Ausgangspunkt die Märchen und ich die Landschaftsqualitäten und die verschiedenen Beziehungen dazu. In den unterschiedlich wirksamen Beziehungen im Naturzusammenhang kann man erkennen, was man früher als Elementarwesen erlebt hat. Mit dem modernen Bewußtsein läßt sich an solche früheren Fähigkeiten – allerdings auf neue Weise – anknüpfen. Diese Neubelebung versuchten wir, indem wir unter verschiedenen Blickwinkeln die Naturdinge anschauten. Die dadurch entstandene Beziehung ist eine weiterbestehende Seelenbeziehung. Wir können auf ein und dieselbe Sache nicht ein zweites Mal in derselben Weise hinschauen. Das zweite Sehen enthält schon einen Bezug auf das erste in sich.

Die Bürgermeisterin von *Vigántpetend* zeigte uns noch einmal ganz anderes: Aus ihr sprach die Stimmung des Wahrnehmens der Sorgen der Menschen ihrer Gemeinde und des Helfen-Wollens. Ihre Ortschaft hat sich für die Künstler geöffnet, die hier regelmäßige Zusammenkünfte organisieren. Von ihr kam auch die Einladung zu unserem Abschlußfest. Anhand dieser Begegnungen sehen wir, wie *durch* Menschen Wandlungsmöglichkeiten in die Landschaft kommen. Dadurch wird deutlich: Es gibt kein Außen ohne ein Innen, keine Ganzheit der Landschaft ohne den Menschen.

Gegebenheiten der Landschaft und Ausdruck ihrer Qualitäten in Formen und in Farben

Hier im Dörögd-Becken haben wir eine völlig vom Menschen gestaltete Landschaft. Die natürlichen Gegebenheiten geben dafür die Form ab. In der Schwarz-Weiß-Zeichnung lassen sich die Grundbedingungen am besten wiedergeben; man kann sie aufsuchen, wie z.B. den geologischen Untergrund etc. Dieser läßt viele Möglichkeiten der Entwicklung offen. Zu den Bedingungen gehört neben der Erde auch das Wasser. Noch vor kurzem gab es hier viel mehr Wasser. Sein Verschwinden tritt uns sehr deutlich vor Augen: Einerseits entdeckt man, daß der Sumpf früher bewußt trockengelegt worden ist. Die unterschiedliche Feuchte in der Landschaft macht sich auch an den unterschiedlichen Grün- und Brauntönen bemerkbar. Die Entwässerung diente dem besseren Wirtschaften. Dann entdeckten wir jedoch auch einen Flußlauf mit Mühlen, die alle zerfallen sind. Wir bemerkten, daß das Wasser hier nicht mit Absicht zurückgedrängt worden ist, sondern sein Rückgang eventuell mit dem Bauxitabbau oder den seit Jahren trockenen Sommern zusammenhängt. Der Entwicklungsverlauf der hiesigen Landschaft ist charakteristisch für viele Landschaften. Was sich unter diesem Lebensaspekt zeigt, kommt mehr durch die *Farben* zum Ausdruck. Man kann ihn mit dem Wachstum einer Pflanze vergleichen: Anfangs entsteht eine Pflanze mit großen Blättern. Das Grün zieht dann mehr und mehr nach oben, während unten die Blätter bräunlich zu verwelken beginnen. Dann kommt die farbige Blüte, und das Grün verliert an Bedeutung. Dennoch braucht es für das Blühen und Fruchten noch Grün. Ein Beispiel: Im heutigen Griechenland ist die Blütenpracht im Frühjahr vielfarbig und begeisternd. Sieht man in dieser Landschaft Tempel und Kunstwerke, Zeichen einer uralten, hochentwickelten Kultur, dann kann man sich fragen, wie damals wohl die Landschaft ausgesehen hat. Man entdeckt, daß sie sehr reich mit Bäumen und Quellen durchsetzt gewesen sein muß. In der Folge ist das Wasser nach und nach zurückgegangen, und eine hohe Kultur begann zu zerfallen.

In Mitteleuropa ist der Übergang vom Wald zur Kultur noch deutlich rekonstruierbar. Bis ins Mittelalter hinein wurde gerodet und entwässert. Dann kam jedoch eine Zeit, in der es immer trockener wurde. Die Menschen hatten nicht bemerkt, daß sie zu viel Wald abgeholzt hatten, aber auch nicht, daß die Landschaft jetzt mehr Blüten zeigte und das Grün spärlich geworden war. Ist das nicht eine Art Entwicklungsgesetzmäßigkeit von Ländern, die sich in einer kulturellen Entwicklung befinden und nun Gefahr laufen abzusterben? Will man diesen Prozeß abwenden, damit in der Landschaft wieder Kultur entstehen kann, dann braucht man einen sorgfältigen Umgang mit dem Wasser. Dies ist allerdings nur ein Gesichtspunkt und bestimmt kein Schema zur Lösung der Frage, wie man Belebung eines Bereiches erreicht und dieser weiterentwickelt werden kann.

Allein schon durch die Farben wird eine bestimmte Qualität dieser weiten Dörögder Landschaft erfahrbar, also ein Erlebnis, das reicher wird, je mehr Details man sich in der Landschaft zum Erlebnis gemacht hat.

Ich möchte ein Bild von einer Landschaft, in der ich vor drei Wochen war, danebenstellen: das Emmental in der Schweiz. Auch diese Landschaft können wir uns unter dem Aspekt des Beckens anschauen. Das Emmental wirkt ungeheuer gepflegt und grün. Man hat den Eindruck eines breiten und flachen Beckens. Im Morgennebel ahnt man dieses Becken nur. Wenn es dann klarer wird, tauchen unerwartet die Alpensilhouetten auf, und man bekommt den Eindruck, man sei ringsum eingemauert – fast wie bei unserem Besuch im großen Steinbruch. Man erlebt einen Zusammenhang zwischen Häusern und der Landschaft, man ist wie eingehüllt in ein wundervolles Tal, in dem man sich zuhause fühlen kann. Im Dörörgd-Becken sind die Häuser klein, und das Leben spielt sich draußen vor der Tür ab. Im Emmental sind die Häuser groß, mit einem alles übergreifenden Dach, und das Leben spielt sich ganz drinnen ab. In dieser Schweizer Region gab ich einen Kurs und traf dabei auf einen Lehrer aus einem der Orte, der sein ganzes Leben in dieser Landschaft verbracht hatte. Er meinte zu wissen, wie die Landschaft ist. In den Übungen wurde die Ausschließlichkeit verschiedener Blickrichtungen thematisiert. Seine frühere Lehraussage über die generelle Form der Emmentaler Landschaft als Charakterisierung war offenbar nicht der einzige Blickwinkel, und nun fragte er sich immer mehr, wie denn aus den verschiedenen Bildern, die man durch Beobachten und Besinnen von der Gegend gewinnt, das Ganze einer Landschaft werden könnte. Geschieht das, indem einfach nur all die Bilder übereinandergelegt werden? Das ergäbe doch einfach Schwarz. Schließlich wurde deutlich: *Die im Äußeren nebeneinander vorliegenden Elemente werden innerlich zur Gesamtschau der Landschaft zusammengeführt. Und diese innere Gesamtschau ist ein Erleben, das immer reicher werden kann! Es hat eine innere Bestimmtheit, aber keine äußere Kontur. Diese gewinnt es erst wieder an einer neuen Wahrnehmung. Beides gehörten zusammen: die äußere Differenzierung und die innere Einheit.*

Wenn auch die Landschaft des Emmentales oberflächlich betrachtet wunderschön aussieht, wurde dieses Urteil doch bald korrigiert (oder eben bereichert). Ich wollte die spontane Vegetation dort entdecken, also die Antwort der Natur auf ein Ausbleiben der menschlichen Tätigkeit. Doch was ich fand, war ausschließlich Vegetation, die vom Menschen so gewollt war. Nur ein ökologischer Landwirt hatte einen schmalen Ackerrandstreifen stehenlassen, und dort fand ich dann wirklich einige Blumen. Ich fragte den Bauern, ob es noch irgendwo anders hier solche Plätze gäbe, und er zeigte mir auf einer Landkarte inmitten des „Beckens" einen Punkt, nämlich einen alten Teich. Es stellte sich heraus, daß die ganze Ebene früher ein feuchter Sumpf war und zur Bewirtschaftung entwässert wurde. Das Pünktchen in der Mitte, der Teich, ist Naturschutzgebiet. Hier fanden wir tatsächlich einige Erlen, Gebüsch und schmutziges, veraltetes Wasser sowie eine auffallend reichhaltige Vogelwelt. Im Vergleich zum stillen Umland, in dem man viel mehr Blumen und Vögel hätte erwarten können, fand sich hier nun plötzlich das reiche Leben. Dennoch gehört das Emmental insgesamt als Landschaft mit zu den schönsten Europas, gerade für den touristischen Blick. Interessant ist, daß sich selbst seit der Kindheit hier ansässige Menschen dieser Verarmung nicht ausreichend bewußt sind. Der Anblick des Grüns und der geordneten Schönheit des Ganzen kann über die fehlende natürliche Lebendigkeit einer Landschaft hinwegtäuschen. Das Befreiende, das man hier in dieser Landschaft des Dörögd-Beckens erlebt, würde aus touristischer Sicht sicherlich eher als Vernachlässigung empfunden, während die große Chance dieses Landes gerade darin liegt, daß es sehr viele Zwischenräume gibt, in denen die Natur selbst etwas tun darf. Das ist jetzt kein Plädoyer dafür, gar nichts mehr zu pflegen oder zu nutzen. Aber was eine solche Landschaftsqualität mit viel differenzierteren Lebensräumen mit sich bringt, das sind eben diese ausgesparten Räume.

Samstag, 19. August 1995

Versuch einer Zusammenfassung

Besinnen wir uns noch einmal auf das, was wir gewollt und was wir gemacht haben. Das kann natürlich nur jeder auf seine Weise tun, und ich werde es, anhand des Vortrages von Miklos Campis gestern abend, versuchen. Miklos Campis ist Präsident der Kós-Károly-Vereinigung, die Mitveranstalterin dieser Woche ist und der sich auch das Pagony-Büro angeschlossen hat. Miklos Campis hat versucht, sich mehr von der philosophischen Seite dem zu nähern, was wir hier machen.
Im Laufe der Woche haben wir viele Aspekte kennengelernt, unter denen die Werte einer Landschaft sichtbar werden können. Während der ganzen Tagung war es unser Bemühen, zur Landschaft einen neuen, persönlichen Bezug zu entwickeln. Es wurde deutlich, daß der instinktive Bezug zur „Heimat" nicht mehr ausreicht, um zu einem Neuansatz in der Entwicklung zu kommen. Hierbei haben wir ein durchaus widersprüchliches Bemühen gepflegt: Auf der einen Seite wollten wir den subjektiven, individuellen Bezug fördern, auf der anderen Seite mußten wir lernen, zu diesem persönlichen Bezug innerlich Abstand zu gewinnen. Erst durch das Üben dieser beiden Richtungen kamen wir ganz in der Gegenwart an. Aus philosophischer Sicht wurde uns gestern dargelegt, wie dieses Innen und dieses Außen zusammenhängen. Letztendlich geht es um eine Bewußtseinsentwicklung und um ein Aufwachen für die Wirklichkeit, für die wir sonst kein Wahrnehmungsorgan haben. Als Schlagwort kann man formulieren: *Erwachen am anderen.*
Der gestrige Abend hatte drei Teile: Zunächst ging es um Bilder und Bildentstehung. Eine Übung bestand darin, die Bildentstehung und deren Verwandlung auf einem Weg nachzuvollziehen. Dazu wurden Bilder auf eine Weise geschildert, daß sie im Betrachter weiterleben, weil dieser voll in sie eintauchen kann. Im zweiten Teil kamen dann die eigentlich philosophischen Aspekte, auf die ich nur andeutungsweise eingehen kann: Wir haben ein gewöhnliches Bewußtsein von Raum und Zeit der Gegenstände „da draußen". *Als Mensch muß ich in einem bestimmten Leib Wohnung nehmen, den ich auch gegenständlich be-*

trachten kann. Wer ist es, der da Wohnung nimmt, sich einerseits eins mit dem Leibe fühlt und andererseits davon absetzen kann? Davon haben wir zunächst vielleicht nur eine Ahnung. Es kann eventuell deutlicher werden, wenn man sich vorzustellen versucht, wie das ist, wenn man keinen Leib hätte, einmal auf seinen Leib verzichten würde. Was bliebe dann übrig?

Im Traum können wir in den Bildern hin- und herfließen. Wir haben große Bewegungsfreiheit. Häufig leben wir auch wach in einer solchen Traumwelt. Ein wirkliches Einleben in den Leib führt dazu, daß wir uns einem anderen gegenüberstellen, z.B. indem wir Menschen, denen wir begegnen, als Gegenüber erleben. Erst dann sind wir im Leib. „Leib" bedeutet also gleichzeitig, ein Gegenüber zu haben. Das normale Bewußtsein funktioniert in dieser Hinsicht instinktiv. Im Gegenüberstellen entsteht erst das, was wir als „äußeren Raum" oder besser als „äußerlich vorgestellten Raum" erleben, obwohl auch dieser letztendlich inhaltsleer wäre, wenn man ihn nur rein denken würde. Wenn wir unser Bewußtsein in Richtung der Raumvorstellung weiterentwickeln, kommen wir zu den Karten, wie sie von Pagony erstellt wurden. Jede Karte ist aufgrund eines spezifischen Gesichtspunktes entstanden (z.B. Exposition, Bewaldung, Siedlungsstruktur). Jeder, der schon einmal eine solche Karte erstellt hat, wird daraus einerseits einen enormen Gewinn ziehen, andererseits aber auch einen großen Verlust erleben. Diesen Verlust haben viele Menschen erfahren, ohne sich wirklich darüber Klarheit verschafft zu haben, worin er besteht. Im Sinne eines Schulungsweges kann man eine solche Erfahrung auch Grenzerfahrung nennen. Der Gewinn, den man aus solchen Karten ziehen kann, ist die Orientierung im Raum, das „Ankommen auf der Erde". Aber dieser Gewinn an Orientierung bedeutet zugleich einen Verlust desjenigen Raumes, in dem man gewöhnlich lebt. Nicht von ungefähr hat Miklos Campis Aristoteles' „schrecklichen Raum" zitiert. Im Punkt der Karte geht also die Welt, in der man mit seiner Seele lebt, verloren. Man hat zwar eine Art Ortsbestimmung gefunden, aber keine vom Inhalt abhängige Qualität des Ortes. Hieran kann sich ein großes Verlassenheitsgefühl anschließen.

Zum besseren Verständnis kann man versuchen, sich klar zu machen, wozu man eigentlich „Ich" sagt. Ich bin nicht mein Hemd und auch nicht meine Hand. Aber auch mein Gefühl bin ich nicht, ebenso wenig mein Gedanke oder der Inhalt meiner Willensimpulse. Was bleibt da noch? Eigentlich hält man sich ja immer für sehr bedeutend, und plötzlich erlebt man sich als Nichts! Andererseits kann aber jeder Punkt zum Erschließen einer ganzen Welt führen.

Wie wir sahen, gibt es verschiedene Schritte, sich den Raum, in dem man lebt, bewußt zu machen. Man entdeckt dabei, daß es sich da offenbar um ein Scheinproblem handelt, wenn man fragt, wie aus den verschiedenen Welten eines jeden ein Ganzes entstehen kann.

Worauf es nun ankommt ist, im Gegenständlichen das Dazwischen aufzusuchen. Das bedeutet, im Betrachten der Gegenstände die *Gegend* zu erfahren. Das ist es, was eine Gegend ausmacht: daß man sie an den Gegenständen erfaßt, ohne daß sie selbst unmittelbar sichtbar ist. Der Ort, die Gegend wird *vermittels* der Gegenstände erlebbar. Das kann man bereits allein aus den Worten herauslesen, wie es nach Miklos' Darstellung Heidegger offenbar versucht hat.

Jedes Ding hat also seine Umgebung, seine Gegend. Jedes Naturreich hat wiederum seine ganz ihm eigentümliche Umgebung. So auch die Bürgermeister von Pula und Taliándö-rögd: Jeder von ihnen stellt gewissermaßen einen Gegenstand an einem ganz bestimmten Ort dar. Wie unmittelbar hatten wir das Erlebnis, daß dieser Gegenstand ein Punkt ist, aus dem heraus sich aber eine ganze Welt äußert und Eigenständiges in Erscheinung tritt. Jeder solche Punkt bedeutet eine Weltanschauung. Diese kann wie eine Art Gesetzgebung aufgefaßt werden. In diesem Sinn wird die ganze Biographie eines Menschen zu einem gegebenen, gewordenen Gesetz. Aber wenn ich einem Menschen begegne, interessiert mich nicht nur das Gesetz. Habe ich dieses einmal erfaßt, bräuchte ich ja sonst nicht mehr mit ihm zu sprechen. Ich wüßte alles von ihm, und es ergäben sich völlig uninteressante Gespräche. In diese Haltung schlittern wir immer wieder hinein, besonders dann, wenn wir an jemandem Anstoß nehmen. Wir sind dann nicht mehr in der Lage, von dieser Person zu lernen. Eine geringe Überwindung der eigenen Antipathie führt zum Zurechtrücken der Gesetzes-Vorstellung. Dabei kann man entdecken, daß man durch Teilhaben am anderen selbst eine Bereicherung erfährt. Wir haben das hier einerseits mit Bezug auf die verschiedenen Naturreiche geübt. So konnte in den gestrigen Beschreibungen der Gottesanbeterin gezeigt werden, wie durch Gestalt und Bewegung eine ganz eigentümliche Welt erfahrbar wird. In Gestalt und Bewegung dieses Tieres lebt etwas merkwürdig „Überpersönlich-Gravitätisches". Hat man das einmal selbst erlebt, so kann man begreifen, daß nach *Laurens van der Posts* Darstellung der Buschmann Südafrikas in der Mantis (d.h. eben in der Gottesanbeterin) eine Gottheit verehrte. Wir verwenden dafür immer die Formulierung: „Das Tier be-deutet uns etwas." Es deutet auf etwas hin. Indem es in diesem Hinweisen tätig ist, bringt es zur Erscheinung, in welcher Bedeutung es lebt. Da lebt also etwas darin, das wir nicht sehen, das uns jedoch bewußt wird, wenn das Tier in einer bestimmten Stellung verharrt oder wenn es sich bewegt.

Nun ist durch all diese Erfahrungen und durch die schönen und zum Teil auch spannenden Menschenbegegnungen in der gemeinsamen Arbeit dieser Woche ein farbiges Bild der Landschaft des Dörögd-Beckens entstanden.
Man erlebt eine Art von Individualität, die durch das gemeinsame Wahrnehmen wieder Jugendkräfte gewonnen hat.
Entwicklungsmöglichkeiten zeichnen sich ab, von denen wir hoffen, daß sie auf die eine oder andere Art von den hier lebenden Menschen aufgegriffen werden.
Wer anderswoher kam, hat individuelles und menschliches Interesse an einem Land gewonnen, von dem der „Westen" lange Zeit abgeschnitten war.

III Arbeitsgruppenberichte

Widerspiegelung der menschlichen Seelenhaltung
in der Landschaft

Siedlungen und ihre Beziehungen im Laufe von
Nutzungsänderungen - ablesbar am Wegenetz

Historische Entwicklung und geologische Grundlage des
Dörögd-Beckens als Ausdruck der "Landschaftskonstitution"
und im Hinblick auf zukünftige Entwicklungsmöglichkeiten

Morphologie, Bildhaftigkeit, Stimmungsqualität und Eigenart
der Landschaft - Außenbild der menschlichen Seele

Naturschutz im Dörögd-Becken

Einführung in die Arbeitsgruppenberichte

Die Aufgabe einer Arbeitsgruppe innerhalb der „Übungswoche für Landschaftsgestalter und Ökologen" besteht darin, das Morgenseminar um praktische Anschauungsübungen zu ergänzen. Die Arbeitsgruppen sind hiermit gleich vor mehrere Herausforderungen gestellt: Zunächst geht es (wie gesagt) um ein praktisches Erüben der Anschauungsweise. Gleichzeitig soll aber auch auf die sich am jeweiligen Ort stellenden Fragen eingegangen werden. Die Kürze der zur Verfügung stehenden Zeit bringt das Problem mit sich, daß der jeweilige Ort meist nur als exemplarischer Hintergrund für die Übungen zur Geltung kommen kann. Hiermit liegt aber keinesfalls eine Geringschätzung der konkreten Natur gegenüber dem zu erübenden Ansatz vor. Ganz im Gegenteil dienen ja die Übungen dazu, sich auf neue und sachgemäße Weise vertiefend mit dem Ort auseinanderzusetzen. Die Durchführung der Übungen „vor Ort" garantiert also per se, daß beide Erfahrungsbereiche berücksichtigt werden: in Form der Übungen das Erlernen von Vorgehensweisen, um zu neuen Erfahrungen zu kommen; in Form der ausgewählten Orte Erfahrungen über deren besondere Natur.

Als weitere Herausforderung kommt die jeweilige Zielsetzung der Arbeitsgruppe hinzu. Ihre Thematik kann die Gewichtung mal mehr zu den konkreten Ortserfahrungen, mal mehr zu dem zu erübenden Ansatz verlagern. Im einen Fall mag dann scheinbar der Übungsaspekt zu kurz kommen, im anderen Fall eher die „Natur vor der Nase".

Jede Arbeitsgruppe wurde gemeinsam von zwei Personen geleitet, die im folgenden jeweils genannt sind. Die Berichte selbst wurden von den deutschsprachigen Gruppenleiterinnen bzw. -leitern verfaßt.

Widerspiegelung der menschlichen Seelenhaltung in der Landschaft (Arbeitsgruppe 1)

Michael Beismann und Mónika Buella

Warum Landschaftserkenntnis auf seelischer Ebene?

Die seelische Ebene ist der eigentliche Ausgangspunkt dafür, wie ich mit der Natur umgehe. Sie wird in der heutigen Naturwissenschaft nahezu vollkommen ausgeschlossen, kann jedoch dadurch in unbewußt vorweggenommenen Urteilen (Vor-Urteilen) und Voraussetzungen umso stärker zur Geltung kommen. Die eigene Blickrichtung und das seelische Erleben gehören mit zur Wirklichkeit, die wir wahrnehmen, und müssen bewußt in naturwissenschaftliches Arbeiten einfließen.

Der eigentliche Inhalt eines Naturgegenstandes ist die Wahrnehmung und das Erleben am Ort seines Auftretens. Mit der Wahrnehmung eines Gegenstandes/einer Landschaft nehme ich gleichzeitig etwas von meinem eigenen Ich wahr. Indem ich mir die durch die Beobachtung angeregten seelischen Vorgänge jeweils ins Bewußtsein rufe, kann ich mir klarer werden über das Verhältnis zwischen mir (dem eigenen Ich) und der als Äußeres erlebten Natur.

Die Ganzheit, nach der wir z.B. in der Ökologie suchen, kann nur in unserem inneren Erleben vorhanden sein, während im Äußeren immer nur Einzelheiten gegeben sind. Die seelische Ebene und der persönliche Bezug können als Grundlage von Beurteilungen und Planungen angesehen werden, die von der Ganzheit ausgehen sollen.

Methodische Voraussetzungen

Der Weg zu einem persönlichen Landschaftsbezug geht über eine Vertiefung der Wahrnehmungsfähigkeit und eine Auflösung der festgewordenen Begrifflichkeit. Dabei kann es hilfreich sein, die Aufmerksamkeit auf Widersprüche bzw. Diskrepanzen zu lenken, die wir in der Landschaft empfinden. Zu welchen Orten fühlen wir uns besonders hingezogen, von welchen abgestoßen? Welche Erscheinungen tragen zu diesem Empfinden bei? Die Diskrepanzen, die wir erleben und die uns zu Urteilen führen, können z.B. auftreten, wenn die eigene Vorstellung von etwas nicht mit der Wahrnehmung davon übereinstimmt. Durch Beobachtung solcher Sachverhalte läßt sich die Frage nach der Subjektivität des seelischen Erlebens differenzierter betrachten. Man wird bemerken, daß es ganz persönliche, vom eigenen Ich geprägte Seelenhaltungen, aber auch durchaus objektbezogene, auf den jeweiligen Gegenstand orientierte seelische Äußerungen gibt. Letztere gilt es zu beobachten, um tiefere Erkenntnisse über das jeweils Angeschaute zu erhalten.

Um diese Betrachtungsrichtung für die Landschaftsplanung und -ökologie fruchtbar werden zu lassen, geht es u.a. darum, in einer Einzelerscheinung die Beziehung zum Ganzen zu entdecken, also das Ganze im Einzelnen wiederzufinden und umgekehrt. Durch das Erfassen der Biographie eines Ortes lassen sich Fragen erkennen, die sich tatsächlich auf die jeweilige Situation beziehen. Zur Bewußtmachung der Landschaftsentwicklung ist wichtig, daß Früheres in der Gegenwart sichtbar und erlebbar wird.

Auch die Bedeutung des Menschen im Naturzusammenhang läßt sich differenzierter begreifen, wenn man beobachtet, in welcher Weise sich die geologische Konstitution, die Vegetation und die Tierwelt jeweils in der Landschaft ausdrücken und was der Mensch durch seine Tätigkeit hinzubringt.

Besonders durch ein ästhetisches Erfassen kann ein eigenständiger Zugang ermöglicht werden, um Dinge in die Welt zu setzen. Im hier verstandenen Sinne kann das Wesen der Ästhetik als Stärkung des sinnenfälligen Erlebens, das damit vor dem Zugriff des Verstandes geschützt werden soll, verstanden werden. Das jeweils zur Erscheinung Kommende soll zunächst ganz als Wahrnehmung erfaßt werden, ohne es direkt zu beurteilen.

Erfahrungsbericht

Als Arbeitsfeld im Dörögd-Becken diente uns ein südöstlich des Dorfes Taliándörögd gelegenes, größtenteils von Wald umschlossenes Gebiet (Ráskó-Puszta), das von einem Bauern aus dem Dorf bewirtschaftet wird.

Am ersten Tag stand im Vordergrund, durch Wahrnehmungen und Betrachtungsübungen entlang eines Weges von Taliándörögd über den Tik-Berg zur Ráskó-Puszta sowohl einen Einblick in die weitere Landschaft des Dörögd-Beckens zu bekommen, als auch methodische Grundlagen kennenzulernen. Es ging besonders darum, auf die uns unterwegs begegnenden „Stimmungsbilder" zu achten. Die vielgestaltige Landschaft – z.B. unterschiedlich genutzte oder aufgegebene Obstgärten, Robiniengebüsche, Mähwiesen, Niederwald, verbuschende Schafweiden mit alten Eichen und Birnbäumen, Lößhohlwege, ehemalige Weingärten, Äcker u.a. – bot dazu reichlich Gelegenheit. Immer wieder trifft man hier auf die Spuren vergangener Nutzungs- und damit Lebensweisen von Menschen in der Landschaft, und es entstehen Fragen zu den früheren und heutigen Lebensbedingungen und Eigentumsverhältnissen. Aufgegebene Obstgärten werden zu dichten Robiniengebüschen, große verbuschende Schafweiden mit Disteln deuten auf den Rückgang der Schafhaltung, Hudewälder sind Ausdruck ehemaliger Waldweidewirtschaft usw.

Besonders in den Gestalten von Bäumen und Sträuchern zeigte sich uns etwas von den vergangenen Nutzungsweisen und Intentionen der Menschen. Indem wir uns die Vegetation unter diesem Aspekt anschauen und die Entwicklung vergegenwärtigen, können wir eine unmittelbare Verbindung zur Biographie der Landschaft bekommen. Die historischen Erkenntnisse bekommen dann erst einen inneren Zusammenhang zu einem konkreten Ort und können so die entdeckten Entwicklungsschritte in sinnvoller Weise ergänzen.

Von einem Aussichtspunkt auf dem Tik-Berg aus konnten wir uns den Gesamteindruck und die Gliederung der weiteren Landschaft des Beckens verdeutlichen. Eine Zeichenübung half uns, genauer hinzuschauen und die Einzelheiten im Gesamtzusammenhang zu erfassen. Wesentliche Eindrücke waren sowohl das Erkennen einer Einheit und einer regelmäßigen Gliederung als auch das Bemerken von Widersprüchen und Gegensätzen (z.B. weitläufige Felder in der Mitte und Kleinflächigkeit am Rande des Beckens, überdimensionierte Wirtschaftsgebäude ehemaliger Genossenschaften, süd- und nordexponierte Wälder usw.).

In der gegenseitigen Beschreibung von Wahrnehmungen wurden solche Zusammenhänge zunehmend deutlicher, die jeweils eigene Blickrichtung wurde von anderen ergänzt und geweitet. Es tauchte etwa die Frage auf, warum ein anderer etwas sieht, das man selber gar nicht beachtet hat. Oder es wurde bemerkt, wie sehr man mit sich selbst und seinen Gedanken beschäftigt ist, anstatt die Naturerscheinungen zu bemerken.

Während wir uns am ersten Tag der Landschaft betrachtend und beschreibend zuwendeten, stand **am zweiten Tag** das Tätigsein in der Arbeit im Vordergrund. Am Bachlauf, der die Grenze zur Ráskó-Puszta bildet und als Viehtränke genutzt wird, bauten wir eine Mauer zur Uferbefestigung.

Am dritten Tag versuchten wir, uns die verschiedenen Tätigkeiten und Erlebnisweisen zu verdeutlichen. Durch die Arbeit fühlt man sich auf physisch-seelischer Ebene sehr eng verbunden mit der Umgebung, während die Einzelheiten immer unwesentlicher werden. Die Wahrnehmung beschränkt sich auf ein bestimmtes Umfeld und ist zielgerichtet. Sehr intensiv, doch meist unbewußt wird die Gesamtstimmung des Ortes aufgenommen. Ein Bewußtsein darüber können wir jedoch erst erlangen, wenn wir uns einer Sache gegenüberstellen, sie aus der Distanz betrachten.

Um nun den landwirtschaftlichen Betrieb näher kennenzulernen, schauten wir uns an diesem Tag auch den am Dorfrand liegenden Hof des Bauern und in einem anschließenden Rundgang die dazugehörigen Flächen in der Ráskó-Puszta an. Besonders den aus Westeuropa kommenden Teilnehmerinnen und Teilnehmern fiel sofort die geringe Größe des Hofes auf. Die Ställe bieten relativ wenig Platz für die Tiere, und alles scheint sehr improvisiert zu sein – ein Ausdruck der jahrzehntelangen Planwirtschaft. In den sozialistischen Zeiten gab es keine Höfe mehr in dieser Art, alles war zentralisiert in großen Produktionseinheiten, den Leuten in den Dörfern blieben nur etwa ein halber Hektar Land und einige Tiere zur Eigenversorgung. Die wenigen Maschinen, die den Bauern heute zur Verfügung stehen, sind meist veraltete, überdimensionierte Restbestände der Landwirtschaftlichen Produktionsgenossenschaften (LPGs).

Das zum Hof gehörende Land macht einen im Vergleich zur übrigen Landschaft erstaunlich einheitlichen und abgeschlossenen Eindruck. Es erscheint wie ein Relikt aus vorsozialistischen Zeiten, da es durch seine Lage am Rande des Beckens nur zeitweise von einer LPG bewirtschaftet wurde. So konnte sich eine Gliederung der Landschaft erhalten, wie sie für einen kleineren Einzelhof typisch ist. Die ehemaligen Hofgebäude wurden jedoch 1985 abgerissen, da sie für die damalige Nutzungsweise nicht gebraucht wurden. Sie lagen in der Bachniederung. Daneben finden sich große Obstwiesen mit stark überalterten Bäumen. Weiter oben gibt es inmitten des Gebietes ein Wäldchen mit reicher Artenvielfalt, das vermutlich aus einer Pappelpflanzung hervorgegangen ist. Oberhalb schließen sich trockene Wiesen und Weiden an, die an gut ausgebildete Waldränder grenzen. Bevor der jetzige Bauer das Land Anfang der neunziger Jahre kaufte, waren große Teile davon jahrelang ungenutzt und dementsprechend zugewachsen. In mühevoller Arbeit hat er die Obstbäume wieder freigestellt und das Land nutzbar gemacht.

Nach einem Rundgang durch dieses Gebiet tauchte bei uns die Frage auf, ob sich die Lage des ehemaligen Hofes schon allein aus der Wahrnehmung der jetzigen Landschaftsgegebenheiten erahnen ließe. Anders ausgedrückt: Welche Anzeichen deuten auf den Ort des ehemaligen Hofes hin? Von einem Aussichtspunkt im oberen Teil zeigt sich deutlich, daß das Zentrum des ganzen Gebiets unten am Bach zu liegen scheint. Dort laufen die Wege zusammen, die Vielzahl verschiedenartiger, großer Bäume macht einen bunten, lebendigen Eindruck, der durch den gartenartigen Charakter der Obstwiese daneben noch verstärkt wird.

Die gemeinsame Rundfahrt in die weitere Umgebung am **vierten Tag** gab uns Gelegenheit, durch den Vergleich mit anderen Landschaften ein neues Verhältnis zum Dörögd-Becken zu gewinnen. Gleichzeitig konnte man bemerken, daß durch die vorherige Beschäftigung mit einem bestimmten Ort nun das Auge geöffnet war für die Bedingungen an anderen Orten. Als Beispiel sei hier auf die letzte Station unserer Exkursion, das Kali-Becken, hingewiesen. Auch hier finden wir eine beckenartige Landschaft, doch mit in vielerlei Hinsicht gegensätzlichem Charakter zum Dörögd-Becken: den mittleren Teil nehmen ausgedehnte, flachgründige Schafweiden auf Kalkgestein und ein größerer See ein, nur in den Randlagen wird Ackerbau betrieben. Die das Becken umschließenden Höhenzüge bestehen aus steil aufragenden Basaltbergen, dazwischen gibt es immer wieder größere Durchbrüche, so daß kein vollkommen geschlossener Eindruck entsteht. Der Rand des Dörögd-Beckens hingegen ist gleichmäßig von rundlich geformten Bergen umschlossen, in der Mitte herrschen ausgedehnte Ackerflächen auf relativ guten Böden vor.

Im Mittelpunkt des **fünften Tages** stand das genauere Kennenlernen einzelner Orte innerhalb der Ráskó-Puszta. Jeder Teilnehmer und jede Teilnehmerin der Arbeitsgruppe war dazu aufgefordert, sich einen Ort zu wählen, zu dem sie bzw. er sich besonders hingezogen fühlt. Drei Fragen sollten anschließend beantwortet werden:
1. Warum habe ich diesen Ort gewählt? Was sind meine Motive/Fragen?
2. Was fällt mir beim ersten Eindruck an diesem Ort besonders auf?
3. Was ist für den Ort typisch, wodurch ist er besonders charakterisiert?

Nach der Beantwortung dieser Fragen, die dabei helfen sollten, das eigene Verhältnis zu einem Ort zu bestimmen und bewußter zu machen, sollten systematischere Beobachtungen und Beschreibungen gemacht werden:
• Sammeln aller vorkommenden krautigen Pflanzen (je ein Exemplar mit charakteristischer Gestalt). Beachtung von Form, Färbung, Baumgestalten usw.;
• Beobachtung und Beschreibung von Tieren, Beachtung von Bewegung, Färbung, Einfügung in die Umgebung;
• Sammeln von an dem Ort vorkommenden Farben in Form von Blättern, Blüten, Früchten;
• Beachtung der Boden- und Wasserverhältnisse, des Gesteins;
• Besondere Beachtung von Übergangsbereichen zu anderen Nutzungsweisen wie Waldrand, Wegrand, Wiese bzw. Acker u.a., eventuell Zeichnen von Übergängen;

• Gesamtbeschreibung des Ortes, Stimmungen, Geruch, Geräusche usw.;

Als Veranlassung für die getroffene Ortswahl wurden sowohl wissenschaftliche Fragestellungen als auch ganz persönliche Motive genannt wie:

• Dramatik des Ortes (Obstwiese mit alten, absterbenden Bäumen und gleichzeitiger großer Lebendigkeit);

• Überblick gewinnen, Weite (oberer Waldrand);

• Geschützte Kühle (Bachuferwald);

• Menschen bei der Arbeit, da die Landschaft das Ergebnis davon ist u.a.

Es wurde deutlich, daß im Aufsuchen bestimmter Orte ein Teil der individuellen Seelenhaltung zum Ausdruck kommt. Durch die anschließenden systematischen Wahrnehmungen löste man sich von diesem oft unbestimmten Eindruck und konnte so dem in der Landschaft bzw. einzelnen Landschaftsteilen liegenden Charakter näherkommen. In diesem Wechselverhältnis bewegen wir uns ständig, auch als Wissenschaftler, und es kommt darauf an, sich dessen bewußter zu werden. Die gesammelten Pflanzen dienten dazu, uns die als Stimmungen erlebten Besonderheiten in anderer Weise zu vergegenwärtigen. Gegenübergestellt und isoliert aus ihrer jeweiligen Umgebung, zeigen sie in ihren Wuchsformen umso deutlicher die auf sie einwirkenden Qualitäten der Umgebung. Alle an einem bestimmten Ort vorkommenden Pflanzen zeigen in ihrem Erscheinungsbild das gleiche Grundmuster als Ausdruck der Wirksamkeit von Licht, Boden, Feuchte usw. Nicht als einzelne Faktoren treten diese Wirkungen in Erscheinung, sondern immer als Ganzheit. Auch die in der Landschaft liegenden Stimmungen treten als ganzheitliche Empfindung in uns auf. Über das Bild der Pflanze können wir nun bewußter etwas von dem erfassen, was aus der Natur zum Stimmungsbild beigetragen hat. Getrocknet und gepreßt konnten wir so die Vegetation von Obstwiesen, Acker, Waldrand, Wald, Bachufer u.a. miteinander vergleichen. Als Extreme kamen noch Pflanzen aus ganz anderen Gebieten hinzu, wie beispielsweise vom Imár-Berg und aus dem Tihany-Naturschutzgebiet.

Am letzten Tag besuchten wir zwei in der Mitte des Dörögd-Beckens liegende Berge, den Baksa- und den Imár-Berg. Sie sind von sehr gegensätzlichem Charakter. Während der Baksa-Berg in viele kleine Wein- und Obstgärten gegliedert ist, wirkt der Imár durch seine ausgedehnten Schafweiden eher unberührt und einheitlich. Gemeinsam haben sie jedoch, daß sie sich nicht nur in ihrem Erscheinungsbild aus dem Becken erheben, sondern auch in der Bedeutung für die dort lebenden Menschen aus dem gewöhnlichen Alltag heraustreten: der eine als Ort der Erholung in den kleinen Weinberghäuschen, der andere als Zentrum und verbindendes Element der fünf Dörfer des Dörögd-Beckens.

Von dort aus machten wir uns den Zusammenhang der am Rande liegenden Ráskó-Puszta mit dem ganzen Becken deutlich. Wir stellten fest, daß es noch andere vergleichbare, kleinere Einheiten am Beckenrand gibt, die sich ebenfalls deutlich von den weiten, offenen Feldern der Mitte abheben.

Eine weitere Art der Begegnung mit diesem Ort war das Gespräch mit dem Bauern, dem dieses Land gehört. Er erzählte uns in sehr persönlicher Weise seine Bindung zu diesem Ort. Schon als Kind hütete er dort Schafe. Damals gehörte das Land einem Gutsverwalter. In der Zeit des Sozialismus war er dreißig Jahre lang leitender Mitarbeiter einer LPG. Kurz vor Zusammenbruch des Systems erfuhr er im Krankenhaus von den bevorstehenden Umbrüchen und entschloß sich, eigenes Land zu kaufen. Aus zunächst neun Hektar wurden bis heute 26 Hektar. Aus dem Ackerbau ergab sich für ihn die Notwendigkeit, Tiere zu halten, um den nötigen Dünger zu bekommen. Heute lebt er vor allem von der Milch seiner zehn Kühe. Um jedoch auf Dauer existieren zu können, strebt er eine Herde von 25 Kühen an, und sein Wunsch ist, wieder einen Hof auf dem Land selbst zu errichten.

Durch die Begegnung mit dem Bauern kam für uns etwas Wesentliches hinzu, was wir vorher nur von der Seite der Landschaft betrachtet hatten: das Bewußtsein über die menschliche Tätigkeit als Voraussetzung für die Ausgestaltung der Landschaft. Es wurde deutlich, daß zum einen wirtschaftliche und eigentumsrechtliche Fragen, zum anderen die persönliche Beziehung des Bauern zu seinem Land eine wichtige Rolle für das spielen, was schließlich in der Kulturlandschaft zur Erscheinung kommt. Um zu einer vielgestaltigen und ökologisch wertvollen Landschaft zu kommen, ist entscheidend, an der Entwicklung dieser beiden Bereiche zu arbeiten.

Auch bei der abendlichen Diskussion mit Landwirten aus dem Becken wurde dies deutlich. Bei den meisten stehen die wirtschaftlichen Probleme im Vordergrund, und allein die Erarbeitung einer auch noch so sinnvollen Planung reicht nicht aus, um zu einer grundlegenden Veränderung des Umgangs mit dem Land zu kommen. Auf Dauer müssen individuelle Wege der Zusammenarbeit, der Verarbeitung und Vermarktung der Produkte sowie weitere Einkommensmöglichkeiten (z.B. Tourismus) gefunden werden. Daneben geht es darum, zur Optimierung einer naturverträglichen Landnutzung und Gesundung der Landschaft qualitative und seelische Aspekte, wie sie Thema unserer Arbeitsgruppe waren, sowie die Initiative der Beteiligten in die ökologische Planung miteinzubeziehen. Um die persönliche Beziehung der Menschen zu ihrer eigenen Landschaft zu fördern, ist es hilfreich, daß sie von auswärtigen Menschen auf deren Naturwerte und noch vorhandenen Qualitäten aufmerksam gemacht werden.

Dies verlangt natürlich ein vollkommen anderes Selbstverständnis des Ökologen und Landschaftsplaners. Über die Datensammlung und Bewertung hinaus muß er in kooperativer Weise vermittelnd und hinweisend tätig werden.

Siedlungen und ihre Beziehungen im Laufe von Nutzungsänderungen – ablesbar am Wegnetz (Arbeitsgruppe 2)

Susanna Züst und Agnes Herczeg

Themenstellung

Wie sehen die aktuellen Beziehungen und Verflechtungen von fünf Dörfern aus und wie werden sie sich in Zukunft entwickeln? Welcher Einfluß ist davon auf die Landschaft zu erwarten (z.B. Straßennetz)?

Beim Reisen ändern sich vor unseren Augen ständig die aus vielen Einzelheiten bestehenden, sich immer wieder aufs neue zusammenflechtenden Bilder. Da taucht ein Dorf wie ein individueller Punkt auf; man nimmt den Kontakt dieser Siedlung zur Umwelt nicht so ganz wahr. Noch schwieriger ist es, aufgrund des wahrgenommenen Bildes festzustellen, in welcher Beziehung die Siedlung zu ihrer weiteren Umgebung steht: Sind die Dörfer das Nebeneinander von individuellen Einheiten, oder stehen sie in einem inneren Kontext zueinander, etwa durch Zusammenarbeit?

Die Beobachtung der Entwicklung von Straßen, Wegen und deren Vernetzung ist eine Übungsmethode, um festzustellen, welche Beziehungen ein Dorf zu seiner Umgebung, zu seinen Nachbarsiedlungen hat.

Die Wege bespinnen wie ein Adernetz die ganze Gegend; sie verbinden Dörfer und Städte miteinander; sie führen vom Dorf hinaus in die Gärten und Weinberge, zu Feldern und Wäldern, an Gewässer. Wege können auch Gebiete abgrenzen, die ganze Landschaft aufteilen, gliedern und strukturieren. Die Linienführung und Hierarchie der Straßen und Wege steht in einem engen Zusammenhang zu den Reliefverhältnissen und der Wasserführung der Landschaft. Die innere Struktur der Dörfer wiederum ist abhängig von der Lebendigkeit der Umgebung, der äußeren Beziehungen.

Im Dörögd-Becken kann man anhand des gegenwärtigen Straßennetzes erkennen, wie sich die Landschaft und die Dörfer im Laufe der Zeit zum heutigen Bild geformt haben.

Können wir an den jetzigen Zustand anknüpfen, Entwicklungstendenzen wahrnehmen und mögliche Entwicklungen in die Zukunft führen?

Stimmungsbild des Dörögd-Beckens

Ungarn – in Transdanubien das Dörögd-Becken: Eine Landschaft im Bakony-Gebirge auf goldgelb überwachsenen Agrar-Weiten auf weißem Kalk und windverwehtem Löß, umsäumt von sattgrünen, bewaldeten Hügeln – ehemalige schwarze Vulkane. Daran angeschmiegt liegen die Dörfer des Beckens. Wider Erwarten sind die Tage dieser Sommerwoche mit Temperaturen zwischen 25 und 30 Grad Celsius vergleichsweise kühl.

Drei der fünf Dörfer sind durch eine große Schnellstraße verbunden, zwei weitere liegen etwas abseits an einer kleinen Straße und Wegen. Auf unseren Wanderungen entdecken wir immer mehr Wege. Sie scheinen vom alltäglichen Gebrauch fast verlassen. Wir sind ganz vertieft ins Suchen von Wegspuren, die sich manchmal unverhofft hinter Hecken verbergen. Mittelhohe, würzig duftende Schafgarben, Disteln und Gräser wachsen hier und beherbergen Kröten und Vögel. Häufiger benutzte Wege liegen offen da, in Löß gedrückte Fahrspurlöcher bleiben sichtbar. In ihnen sammelt sich Wasser mit Bläulingen in unscheinbaren Schwärmen. Tritt man unachtsam näher, löst sich das Trüb am Boden überraschend in eine himmelblau flatternde Wolke auf. Ein Spiel, das sich von Pfütze zu Pfütze wiederholt. Der Blick weitet sich mit der blauen Wolke – die sich alsbald ebenso unverhofft in Nichts auflöst – und bleibt an einem fernen, hellen Grün hängen. Ein ganzer Hügelrücken ist davon bedeckt. In diese Richtung führt uns der Marsch, vorbei an teils goldgelb glänzenden, teils fahlgelben, matten Stoppelfeldern. Ein haushohes Strohgebilde am Weg strömt Wärme und Geborgenheit aus. Ein Gemälde von van Gogh steigt in der Erinnerung auf, hier allerdings ohne Menschen. Das Rätsel des entfernten und damit noch fremden Grüns löst sich beim Näherkommen: Es leuchtet ein Meer von sonnenwärts gewandten und dadurch für uns von unten her sichtbaren, mächtigen Sonnenblumentellern mit ihren kräftigen Stengelansätzen.

Arbeitsrahmen, Arbeitsmethoden

Als grundlegende Frage der Arbeitsgruppe stand im Hintergrund: Wie kommen wir von unseren Sinneseindrücken in und an der Landschaft zu einem umfassenden Landschaftsbild – dabei ein Wechselspiel zwischen unserem Inneren und den Wahrnehmungen an der Außenwelt vollziehend? Wie fügen sich die vielen einzelnen Beobachtungen im Kleinen wie im Großen zu einem Gesamtbild? Hierzu begaben wir uns an verschiedene Orte, um uns ihnen wahrnehmend zu widmen. Wir besannen die Übungen. Das Ergebnis der Besinnung sind Fragen! Fragen haben heißt: Es geht weiter!

„Wandergruppe"

Erster Tag

Als Einstieg wollen wir uns als Gruppe und unsere Umgebung kennenlernen. Unsere erste touristische Unternehmung, eine Busrundfahrt durch das Dörögd-Becken von Dorf zu Dorf,

erweist sich (in ihrem schnellen, flüchtigen Charakter) als eine gute, langsame Annäherung, die uns einen vorläufigen Überblick verschafft. Von Taliándörögd, einem „Sackgassendorf" und zugleich unserem Tagungsort, geht die Fahrt nach Kapolcs, einem Dorf, das von alters her verkehrs- und handelsmäßig privilegiert ist und auch heute an der Hauptstraße von Veszprém nach Tapolca liegt. Wir schauen uns die Anordnung der Häuser an, das Straßendorf mit Nebenstraßen entlang eines ehemaligen Flusses, der durch Austrocknung zu einem Bach geschrumpft ist. Die alten Mühlen sind nicht mehr in Betrieb, aber seit kurzem restauriert. Inmitten des Dorfes steht ein stattlicheres Haus, das Schloß, davor ein prachtvoller Baum auf einem kleinen Stück Wiese: Dieser Platz bietet sich an, um uns zu einem Kreis zusammenzufinden und einander zuzuhören, wer mit welchen Erwartungen hierher gekommen ist und von woher.

Die Fahrt geht weiter flußaufwärts an den Dorfrand von Kapolcs; zu Fuß steigen wir eine kleine Anhöhe hinan über eine brache Wiese voller Doldengewächsen und Schafgarben. Ein altes, ummauertes Gehöft, Csórompuszta, liegt da oben, mit wunderbarem Rundblick nach allen Richtungen: im Süden zum Waldzug auf der anderen Seite des Flusses und im Norden in die Weite des Beckens. Noch vor etwa vierzig Jahren lag dieser Hof am Rande eines heute nicht mehr bestehenden Dorfes. Hier erhalten wir einen Eindruck von der erneuten Besiedlung des Ortes. Die Bewohner des Hofes schildern uns ihr Leben hier als Zuzügler aus Budapest, führen uns in die Verhältnisse der Gegend ein und bewirten uns mit erfrischenden, fruchtigen Getränken. Wir befinden uns mitten in einem fließenden Partygeschehen, aus dem wir uns nur mit Mühe lösen können, um unsere Busfahrt weiterzuführen.

Auf die nächste Station, das etwas von der Straße zurückversetzte Dorf Vigántpetend, weist die Reiseleiterin Agnes (Pagony) über das Mikrophon hin. Zwischen Straße und Dorf fällt eine rastplatzartige Wiese auf, die mit großen, hölzernen Figuren von transsilvanischen Schnitzern bestückt ist. Von hier aus steigt ein Hügel an, der von einer Kirche dominiert wird, ein weithin sichtbares Wahrzeichen am Dorfeingang.

Unser Bus führt uns der Hauptstraße am Rande des Flusses und des Dörögd-Beckens entlang nach Pula, einem weiteren Straßendorf. Hier verläßt die Hauptstraße das Becken in Richtung Osten, wir folgen dagegen einer Abzweigung Richtung Öcs.

Öcs ist in ein sanftes, auf das Becken zuführende Tälchen gebettet. Auf dem Dorfplatz wechseln wir unsere Fortbewegungsweise, gehen zu Fuß weiter und machen uns den Unterschied bewußt. Wir gehen bergwärts zum alten, grasbewachsenen Friedhof und zum Weinberg, um uns dort zeichnend einem Landschaftsausschnitt, dem Blick auf Öcs, zu widmen: Drei Kirchen und die langen Gebäude der Kooperativenställe am Dorfrand sind hier markant. In der Beckenmitte wird der Blick von einer Satellitenstation gefangengenommen.

Zweiter Tag

Wir beginnen unsere Wanderung diesmal am Fuße des Imár-Berges inmitten des Beckens. Von hier aus gehen wir zu Fuß den Feldwegen folgend nach Pula. Die Aufgabe besteht darin, bei Einsatz aller Sinne auf Stimmungsänderungen entlang von Wegabschnitten zu achten. Worin bestehen Änderungen des Wegerlebnisses? Durch die Abfolge von Landschaftselementen oder durch einen anderweitigen Stimmungswechsel?

In Zweiergruppen wandern wir los: Sobald eine Gruppe an einem veränderten Ort angelangt ist, zeichnet sie diesen von zwei Seiten her: ein Partner vor-, der andere rückwärtsblickend – ein Januskopf. Blick in die Vergangenheit auf die hinter uns liegende und Blick in die Zukunft auf die vor uns liegende Wegstrecke.

Was geschieht durch diese Gruppenübung entlang des Weges an diesem Ort? Ich orientiere mich, halte inne und zeichne. Das Ergebnis ist eine Folge von Zeichnungen. Sie sind ordnende Orientierungshilfen und ergeben ein Stationenwerk des Weges von Imár nach Pula. Stimmungswechsel werden ansichtig ... und dadurch bewußt.

Dritter Tag

Zunächst beobachten wir unser Wahrnehmungs- und Erinnerungsvermögen. Dazu bringen wir den am Vortag gemalten Landschaftsausschnitt aus der Erinnerung nochmals aufs Papier und vergleichen ihn mit dem ab Natur gemalten Bild. An mühsam erarbeitete Stellen des Bildes erinnert man sich besser als an andere. Zusammenhänge sind besonders schwer erinnerbar.

Das Hauptthema des heutigen Tages besteht daher darin, daß wir uns nun direkt der Frage widmen, wie wir von Einzelwahrnehmungen zu einem zusammenhängenden Landschaftsbild gelangen. Dazu wählen wir eine neue Zwei-Personen-Übung: Rücken an Rücken sitzend, wählt eine Person einen Landschaftsausschnitt, um ihn der anderen Person zu beschreiben, die anhand dieser Anweisungen eine Zeichnung anfertigt. Die Umsetzung eines Landschaftsbildes in Sprache und die Umsetzung von Sprache in ein gezeichnetes Abbild stellt bei beiden Personen einen komplexen Vorgang dar, der auch stark von ihren Vorstellungen geprägt ist, ja „gestört" wird: Wende ich mich auch nur einen Augenblick meinen eigenen Vorstellungen zu und somit ab vom aufmerksamen Zuhören, so entsteht ein Loch in meinem Bild. Ein Rollenwechsel vom Beschreiben zum Zeichnen verdeutlicht dies.

Drei Gruppen zeichnen auf diese Weise entlang dreier sternförmig von Öcs, Vigántpetend und Kapolcs zum Imár führender Wege die Landschaftswechsel. Am Imár angelangt, tauschen sie ihre Erfahrungen aus.

Durch die Wahl der Zeichenmotive von markanteren Landschaftsausschnitten oder Orientierungshilfen entlang der Wege bekommt unsere Gruppe allmählich eine Vorstellung von der räumlichen Gliederung dieser weiten Beckenlandschaft. Allerdings ist auffallend, welche Aufmerksamkeit die Landschaft vom Beobachter fordert. „Verständnis-" oder „Orientierungslöcher" entstehen, sobald Gespräche geführt werden, die nicht der Wahrnehmungsverstärkung dienen.

Vierter Tag

An diesem Tag befassen wir uns mit historischen Aspekten von Wegen. Der Gemeindepräsident von Pula schildert uns anhand einer historischen Karte in kurzen Zügen die Entwicklung der Region:
• Römer, Via Magna;
• Christianisierung durch Mönche irischer Abstammung; sie errichteten hier im 13. Jahrhundert ein Kloster, bebauten Land und veranlaßten die Entstehung des Dorfes Tálod; ihr Werk wurde 1552 in den Türkenkriegen geschleift;
• Im 18. Jahrhundert wurde Pula als eine schwäbische Siedlung begründet. Seine Bauern kauften Land auf und bauten Wege, um dieses bestellen zu können. Sie pflegten zu Öcs

immer gute Beziehungen. Graf Eszterházy unterstützte dies durch den Bau einer Kalksteinstraße, deren gepflasterter Furt wir am Bach begegnet sind. Dort soll alljährlich ein Dörfertreffen stattgefunden haben, um Allmendangelegenheiten zu besprechen.

Von Pula wandern wir entlang der Hauptstraße dem Beckenrand zu, durchqueren eine Talsenke mit ausgetrockneten und überwucherten, ehemals klösterlichen Fischteichen und folgen einem Feldweg, der uns zur historischen Stätte der Klosterruine Tálod mitten im Wald führt. Eine hohe Fassade steht fast kollegial neben ebenso hohen Buchen und Eichen und vermittelt mit ihren stellenweise immer noch weiß getünchten Flächen den Eindruck von zeitlicher Unmittelbarkeit. Weiteres altes Kirchengemäuer vom ehemaligen Kloster Tálod umgibt die Fassade.

Hier gelingt uns die am Anfang der nachmittäglichen Gruppenarbeit stehende, meist zähe Arbeit des Rückblickens auf den Vortag besonders gut. Fast scheint es, als ob hier eine besondere Stimmung der Konzentration förderlich sei.

Auf dem Rückweg zum Dorf erleben wir große Wegkontraste und -qualitäten: Wir geraten unverhofft vom Weg ab in den Wald und können bald einem doch recht wegsamen Wildwechsel folgen. Wieder zurück auf der Hauptstraße, begegnen wir erstmals auf unseren Wanderungen einem ebenfalls wandernden Menschen: Eine alte Frau ist zwischen Leitplanken und Fahrspur unterwegs zu ihrem Gemüsegarten, auf der einzigen ihr möglichen Verbindung zu ihrem Haus.

Fünfter Tag

Jedes Gruppenmitglied verdichtet seine Erfahrung auf den Pfaden im Dörögd-Becken zu einer gezeichneten Landkarte und distanziert sich so von seinen Wegerlebnissen.

Auf St. András versuchen wir, den großen Bogen zu spannen, ausgehend von unseren Vorstellungen zu dieser Tagung zum Zeitpunkt der ersten Lektüre der Einladungsbroschüre über die eigenen Beobachtungen von „Ich und die Landschaft" bis hin zu möglichen Visionen für die Zukunft des Beckens. Etwa:
• Wie kann ich das in dieser Woche Gelernte in meiner Alltagspraxis einsetzen?
• Sollen im Dörögd-Becken Wege gebaut werden? Oder eher nur Velowege? Soll Öcs durch eine Straße mit Taliándörögd verbunden werden?

Historische Entwicklung und geologische Grundlage des Dörögd-Beckens als Ausdruck der „Landschaftskonstitution" und im Hinblick auf zukünftige Entwicklungsmöglichkeiten (Arbeitsgruppe 3)

Cornelis Bockemühl und Zsuzsana Illyés

Fragestellung

Wie können geologischer Untergrund und Nutzungsgeschichte einer Landschaft zu Entwicklungsmotiven für den Planer oder Gestalter werden? Oder noch allgemeiner: Wie kann der Blick auf natürliche und menschliche Entwicklungen in der Vergangenheit Zukunftsperspektiven eröffnen? Diese Fragen standen im Mittelpunkt unserer Arbeitsgruppe.

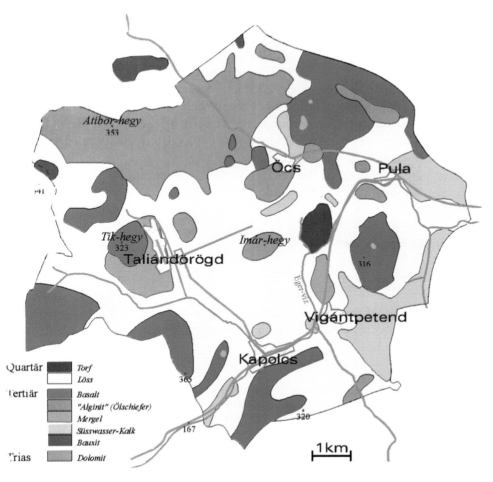

Als erstes mußten wir den geologischen Untergrund und die Geschichte der Landnutzung ein wenig kennenlernen. Dies sollte von Anfang an nicht nur zu abstraktem Wissen, sondern direkt in die bewußt vertiefte, direkte Beobachtung führen. Geologen sind es gewohnt, eine unbekannte Landschaft zunächst einmal im Groben, von weitem, auf auffällige Charakterunterschiede hin anzuschauen. Damit gewinnt man oft schon einen deutlichen Eindruck, wo sich die genauere Beobachtung lohnen wird. Dieser Blick ins Große sollte angeregt werden. Aber wie vermittle ich als Geologe nicht nur Wissen, sondern auch Fähigkeiten wie die eben charakterisierte Blickweise? Diese Frage war im Laufe der Arbeit speziell für mich selber von Bedeutung. Das Anliegen der Arbeitsgruppe ging aber darüber hinaus: Wie kann der Charakter, der erlebt wird, auch bewußt gefaßt werden? Und schließlich: Wie kann dies zur Anregung für künftige Gestaltung werden? Diese Fragen führen weit über das hinaus, was man als Geologe in der Ausbildung lernen kann.

Die Geologie des Dörögd-Beckens

Im Hintergrund der Atibor

Die geologisch älteste Formation im Dörögd-Becken ist der triadische Dolomit, der im Nordwesten den hügeligen Beckenrand bildet (z.B. den Atibor-Berg). Aus dem Eozän (frühes Tertiär) stammen die Bauxitvorkommen, welche im Nordwesten, größtenteils außerhalb des betrachteten Gebiets, liegen und abgebaut wurden bzw. werden. Einige Mergel und Kalke, welche im Beckeninnern sichtbar werden, sind pliozänen Alters (spätes Tertiär), z.B. der Kalk des Imár-Bergs.

Wie eine Decke haben sich, ebenfalls noch im Pliozän, die Basalte über das Gebiet gelegt. Die damals möglicherweise zusammenhängenden Basalte sind jetzt nur noch an den höchsten Orten im Gelände anzutreffen. Basalt kommt auf fast allen Hügeln vor, die das Dörögd-Becken umschließen (Ausnahme: der schon erwähnte Bereich um den Atibor-Berg).

Mit dem Basaltvulkanismus stehen indirekt auch die sogenannten „Geysir-Kuppen" und der bei Pula zeitweise abgebaute „Alginit"* in Zusammenhang. Bei beiden handelt es sich um weiche, mergelige Süßwasserablagerungen von kleinen, z.T. sehr tiefen Seen. Der Alginit ist eine Art Ölschiefer, welcher dank seines hohen Mineralstoffgehalts aus der Basaltverwitterung zu Düngezwecken verwendet wurde.

Geologisch ganz jung, d.h. aus dem Quartär, ist der Löß, welcher im Beckeninneren große Flächen mehr oder weniger mächtig überdeckt.

Nutzung und Nutzungsgeschichte

Die Landnutzung kann sehr grob mit dem geologischen Untergrund in Beziehung gesetzt werden:
• Das mehr oder weniger lößbedeckte Beckeninnere dient der intensiven Landwirtschaft.
• Auf den kalkigen Flächen werden hauptsächlich Schafe geweidet.
• Die Basaltplateaus sind bewaldet.

* Alginit ist eine Gesteinsart, wie sie unter diesem Namen nur hier in der Gegend vorkommt. Es handelt sich dabei um eine Art Ölschiefer, d.h. ein tonig-schiefriges Material, welches so reich an flüchtigem organischem Material ist, daß es sogar entflammbar ist. Im Prinzip ließe sich daraus Öl destillieren. Der Name Alginit geht auf die Tatsache zurück, daß Algen den größten Teil des organischen Material bilden. Das Besondere an den Ölschiefern hier ist deren Bildung in kleinen, subvilkanischen Süßwasserseen. Diese bestanden zur Zeit des Basaltvulkanismus in dieser Gegend im späten Tertiär (Pliozän), und durch die intensive Basaltverwitterung wurden die Sedimente in den kleinen Seen stark mit mineralischen Substanzen angereichert. Vor allem dies ist der Grund, warum der Alginit zu Düngezwecken genutzt werden kann und wurde, wobei der organische Anteil ebenfalls eine Rolle spielt.

Ohne zusätzlich auf die geschichtlichen Hintergründe einzugehen, ist die Entwicklung der Landnutzung eigentlich nicht verständlich. Rein beschreibend sollen hier nur die groben Tendenzen festgehalten werden.

In bezug auf die Nutzungsintensität kann seit Beginn dieses Jahrhunderts insgesamt eine langsame Abnahme festgestellt werden. Genauer betrachtet handelt es sich um eine Intensivierung auf den fruchtbarsten Flächen im Beckeninnern, während die Nutzung der Randgebiete extensiviert wurde, z.B. durch Übergang von Ackerbau zu Beweidung. Vor dieser Zeit fand seit der Mitte des 18. Jahrhunderts eine stetige Zunahme der gerodeten und wirtschaftlich nutzbar gemachten Flächen statt. Diese Rodung fing im Beckeninneren an und breitete sich dann zum Rand hin aus, erreichte diesen aber nur in den Kalkgebieten wirklich. Die Basaltplateaus waren zum größten Teil von dieser ganzen Entwicklung nicht betroffen.

Geplante Vorgehensweise

Erster Schritt: Kalk und Basalt

Zu Beginn wollten wir uns dem Kalk und dem Basalt widmen, welche die beiden wichtigsten Gesteine in der Gegend sind. Wir wählten darum Landschaften aus, wo diese beiden besonders stark dominieren, um uns in diesen Landschaften ein Bild davon zu machen, was Kalk- bzw. Basalt-Untergrund hier im Dörögd-Gebiet bedeuten, wie die beiden bis ins Extrem das Landschaftsbild, den Landschaftscharakter und die Gestaltungsmöglichkeiten prägen. Die am einseitigsten durch eines dieser beiden Gesteine geprägten Gebiete befinden sich jeweils auf dem hügeligen Rand des Beckens, wo die menschliche Nutzung relativ wenig intensiv ist und immer war.

Zweiter Schritt: Kulturland

Weil uns aber gerade die menschliche Nutzung interessierte, sollte uns der nächste Schritt ins Beckeninnere führen. Hier treten die Verhältnisse nicht mehr so einfach, so typisch in Erscheinung, weil erstens verschiedene, mehr oberflächliche Formationen den geologischen Untergrund teilweise zudecken (Löß, Torf, andere Böden) und zweitens die menschliche Nutzung so intensiv ist, daß sie den Eindruck der Landschaft im ersten Moment völlig dominiert. Es geht also darum, auf feinere Gesten zu achten, um die durch den Untergrund und die Geschichte geprägten Eigenarten sehen zu lernen.

Dritter Schritt: Von der Charakterisierung zum Entwicklungskonzept

Nach diesen gemeinsamen Betrachtungen wollten wir die Gruppe aufteilen, um in kleinen Untergruppen Betrachtungen und Überlegungen anzustellen, wie wir das Gesehene charakterisieren können und was daraus für Entwicklungsmöglichkeiten ablesbar sind. Dafür wählten wir ein Gebiet im Nordwesten von Taliándörögd aus, eine kleine Mulde, wo vom Untergrund her viele der Elemente des ganzen Dörögd-Beckens ebenfalls vorkommen (Kalk,

Basalt, Löß usw.). Dabei konnten in der begrenzten Zeit selbstverständlich nur Anregungen vermittelt werden, indem an ausgewählten Beispielen aufgrund eigener Beobachtungen die Probleme besonnen und diskutiert wurden.

Tagebuch der Ereignisse

Samstag

Wir gingen in Richtung Atibor, welcher im Norden das Dörögd-Becken begrenzt. Hier beherrscht der Kalk (oder genauer, aber so ähnlich: der Dolomit) die Landschaft ganz und gar, in der Nähe wie in der Ferne. Darum kann eigentlich alles, jeder Eindruck hier als Facette zu einem Gesamtbild des kalkigen Landschaftscharakters aufgefaßt werden. Auf halbem Anstieg zum Atibor ließen wir uns auf einem kahlen Hügelrücken nieder, wo nur spärliches Gras, niedrige Büsche und kleine, knorrige Eichen wuchsen. Die Aufgabe bestand darin, im Sinne des obigen Gedankens individuell ein Motiv auszuwählen und zu zeichnen: Alles kann Facette des Gesamtbilds von „Kalk" sein.

In der Nähe fielen unter anderem das spitze, feine Gras sowie die Bäume und Sträucher auf, die sich stark in der Horizontalen hielten und nur wenig nach oben strebten. Einige schon fast symbolische Darstellungen gaben diesen Eindruck überhaupt nur noch in einzelnen Dornen und Blättern oder durch besondere Pflanzenarten wie Weißdorn (Crataegus) und Eiche (Quercus) wieder. Im etwas größeren Maßstab fiel uns dagegen auf, daß der Hang des Atibor von vielen engen Kerbtälchen durchzogen ist. Gegen oben hin hören diese Täler plötzlich abrupt auf, während sie nach unten sehr tief und schmal werden, um schließlich zur Ebene hin irgendwie auszulaufen.

Auf dem Grund dieser Tälchen ist die Vegetation völlig anders als auf der Hügelrippe, wo wir unsere Zeichnungen gemacht haben: Dort fällt vor allem das dunkle, üppige Grün auf. Aber gehört dies überhaupt noch zum charakteristischen Bild der Kalklandschaft?

Sonntag

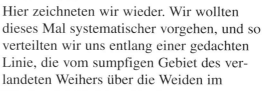

Wir stiegen auf einen Basalthügel direkt nördlich von Pula. Dort befindet sich auf halber Höhe ein schon fast verlandeter Weiher. Das Gelände ist hier sanft geformt, die Ufer des Weihers sind sehr flach und gehen direkt in eine Weide über. Nach weniger als hundert Metern beginnt ein lichter Wald.

Hier zeichneten wir wieder. Wir wollten dieses Mal systematischer vorgehen, und so verteilten wir uns entlang einer gedachten Linie, die vom sumpfigen Gebiet des verlandeten Weihers über die Weiden im Uferbereich bis hinauf in den Wald führte. Schließlich legten wir unsere Bilder so in eine Reihe, wie es diesem Übergang entsprach. Die Frage vom Vortag wurde nun noch drängender: Welches ist denn nun das für die Landschaft charakteristische Bild? Unsere Zeichnungen waren so verschieden!

Montag

Dieser Nachmittag diente einem ersten Kontakt mit dem Beckeninneren selber, zuerst von weitem, dann an Ort und Stelle. Um den Blick aus der Weite ein wenig zu vertiefen, machten wir einige Zeichnungen des Blicks vom Imár-Berg nach Westen. In diese Richtung wollten wir anschließend gehen.
Unser Blick fiel in nur leicht welliges Gelände. Die Gliederung der landwirtschaftlichen Nutzflächen ist das auffallendste Landschaftselement. Die feinen, vor allem farblichen

Unterschiede der einzelnen Flächen – heller und dunkler braun, mit und ohne Übergänge – gingen beim Schwarz-Weiß-Skizzieren verloren. Eine Fläche im tiefsten Bereich fiel besonders auf. Sie war zum Teil verbuscht, zum Teil von geraden Hecken durchzogen, wie sie hier sonst nicht in den Feldern zu sehen waren.

Nach dem Abstieg vom Imár-Berg ging die Übersicht rasch verloren, aber einzelne Erinnerungen dienten noch der Orientierung. Auf dem Weg sammelten wir einzelne Gegenstände, als Anregungen, um die Landschaftsbilder nachträglich wieder aufbauen zu können. Zuerst kamen wir über Äcker mit hellbrauner Farbe und voller Kalkstein und Fossilien. Hier ist offensichtlich eine Lößschicht über Kalk, die aber offenbar nicht mehr sehr mächtig ist, da der Kalk schon stark an die Oberfläche kommt. Daneben war auch ein Acker mit etwas dunklerer Bodenfarbe ohne Kalksteine. Hier befand sich womöglich unter der Lößbedeckung tertiärer Mergel, so daß die Bodenerosion nicht direkt auf Gestein führt.

Die Hecken, die wir vom Imár-Berg aus gesehen hatten, erwiesen sich als Entwässerungsgräben mit Ufergehölz. Der Boden des ganzen Gebiets ist sehr dunkel, torfig. Historische Karten weisen erst relativ spät eine intensive Nutzung dieses Gebiets aus. Auf den Äckern fanden wir Brocken eines grauen, blättrig-bröseligen Materials, welches hier offenbar verteilt worden war. Diese Beobachtung entschädigte uns für den zeitlich nicht mehr möglichen Besuch der Alginit-Grube bei Pula. Wir sahen den Alginit hier in der Funktion, in der er noch bis vor kurzem verwendet wurde und auch jederzeit wieder verwendet werden könnte.

Donnerstag und Freitag

An den beiden letzten Nachmittagen machten wir uns an das Projekt „Modellbecken". In einer kleinen, überschaubaren Ecke des Dörögd-Beckens, nordwestlich von Taliándörögd, befindet sich ein Gelände, welches ein wenig den Charakter eines „Modellbeckens" hat, jedenfalls was den Untergrund betrifft. Auf kleinem Raum finden sich hier Hänge und Flächen auf Kalk, Basalt und Löß. Im untersten Bereich ist das Gebiet eher feucht. Dort steht sogar ein alter Brunnen.

Als erstes verteilten wir uns in Gruppen von zwei oder drei Personen, um einen kurzen Rundgang in eine vorher bestimmte, jeweils andere Richtung zu machen. Anschließend berichteten wir uns gegenseitig von den Beobachtungen.

Vier Hauptrichtungen wurden eingeschlagen:

• Im Norden stieg eine Weide sanft bis zu einem Waldrand an. Der Untergrund ist kalkig, aber im Vergleich zu anderen Kalkgebieten, die wir kennengelernt haben, macht die Weide noch einen relativ wüchsigen Eindruck. Es wurden viele verschiedene Planzenarten beschrieben. Stellenweise fing die Weide an, zu verganden (Aufkommen niedriger Büsche). Einige minimale Reste eines alten Gebäudes, eigentlich nur noch Fundamente, regten die Phantasie an.

• Gegen Osten zu stieg eine Weide einen vornehmlich durch Basalt geprägten Hang hinauf. Hier fanden sich Lesesteinhaufen und Spuren von früherem Ackerbau (Stufen, wie sie beim Pflügen entstehen).

• Nach Süden zu kam man zunächst in eine Mulde, hinter der das Gelände wieder anstieg. Der Untergrund war Löß. Darauf war ein großes Maisfeld, welches für ein hier geplantes Tiergehege als Futter gedacht war. Der Mais war entsprechend verbissen. Der Mais im untersten, offensichtlich zeitweise sehr feuchten Teil des Ackers war gegenüber dem höheren, trockeneren Hauptteil sehr schlecht gewachsen. Es sah so aus, als ob hier schon ein womöglich noch schlechterer Streifen aufgegeben worden wäre. Weiter den Hang hinauf fand sich noch eine mit jungen Robinien bepflanzte Weide, noch weiter oben folgte ein Wald. Jenseits des Waldes war der auf der Karte auch hier eingezeichnete Löß so dünn, daß der darunterliegende Kalk zum Vorschein kam.

• Der Weg nach Westen führte abwärts in ein hier beginnendes Tälchen. Dieses nimmt sich zunächst wie eine flache, feuchte Mulde aus, die üppig mit Büschen und Bäumen bewachsen ist. Dann führt ein Weg hinab in eine Bauxitgrube, die offenbar noch immer in Betrieb ist. Der Bauxit ist in einer Art großer Karsttaschen in den triadischen Kalk eingedrungen.

Wir hatten uns für den heutigen Nachmittag vorgenommen, so weit wie möglich im Beschreiben des Vorhandenen zu bleiben und noch nicht in die Überlegung möglicher Entwicklungen für die Zukunft zu gehen. Es zeigte sich allerdings, daß Gedanken über die Vergangenheit sich wie von selber aus den Beobachtungen ergeben; man möchte etwas über die bisherige Entwicklungsgeschichte erfahren und kann es teilweise auch direkt selber an der Landschaft ablesen. Eine Hilfe war auch, im nachhinein – mit neuem Interesse – die geschichtlichen Kartierungen des Pagony-Büros zu studieren.

Das geplante Gespräch mit einem Schäfer, der in „unserem Modellbecken" oft seine Herde weidet, fiel leider aus. Die Idee war, ihn ein wenig über seine momentanen Gedanken und Ideen zum Gebiet zu befragen. Dies hätte gewiß nochmals eine andere Farbe in die Palette unserer Bilder des „Modellbeckens" gebracht, weil der Schäfer natürlich mit dem Gebiet vertraut ist wie keiner von uns.

Am letzten Nachmittag gingen wir ein weiteres Mal in unser „Modellbecken". An diesem Tag bestand die Aufgabe darin, nochmals in den gleichen Bereich zu gehen wie gestern, aber nicht, um zu beschreiben, sondern um ein Stück weit in der Phantasie Zukunftsmöglichkeiten für diesen Ort auszumalen. Dabei ging es natürlich nicht so sehr darum, Pläne zu machen, die irgendwann realisiert werden. Vielmehr war das Ziel eine Art von Selbstprüfung: Woher kommen eigentlich meine Ideen, wenn ich an einem Ort, den ich doch bisher nur andeutungsweise kenne, in die Zukunft denke?

Im Sinne dieser Frage konnten wir ein paar Dinge bemerken:

• Die Zukunftspläne, die so entstanden, sind oft in hohem Maße von den Bildern bestimmt, die wir uns von der Vergangenheit des Orts gemacht haben. Wir sehen dann Spuren irgendeiner früheren Aktivität am Ort, und gleich sind wir geneigt, eben dasselbe hier wieder zu tun oder eine zurückgehende Aktivität zu bewahren. Solche Gedanken kommen einem etwa angesichts der beginnenden Vergandung der Weidefläche im Norden. Aber ist die Bewahrung der Schafwirtschaft im aktuellen Umfang wirklich das Richtige für die Zukunft?

• Eine zweite Hürde ist unsere Tendenz, einzelne schöne Konzepte, die wir uns in den Kopf gesetzt haben, gleich ganz auf den Ort zu projizieren, ohne sehr viel Rücksicht auf die Gegebenheiten der Situation zu nehmen. So wurde beispielsweise auf der Weide im Norden eine Feriensiedlung vorgeschlagen und bis in Einzelheiten ausgemalt. Hier waren die noch vorgefundenen Fundamente die Anknüpfungspunkte für diese Phantasie.

• Schließlich konnte beobachtet werden, welche aktuellen Tendenzen im Moment vorhanden sind, um diese dann in bezug auf ihre Wünschbarkeit zu beurteilen. So ist die Vergandung z.B. ein Zeichen einer insgesamt abnehmenden Nutzungsintensität. Dabei wird offenbar zuerst der kalkige Nordhang aufgegeben und erst als letztes die fruchtbarere Lößfläche, obwohl auch diese scheinbar nicht mehr so interessant ist: Der Mais ist nicht einmal mehr fürs Vieh, sondern fürs Wild bestimmt. Daraus ergeben sich Fragen in bezug auf möglicherweise wünschbare Eingriffe oder Lenkungsmaßnahmen zur Steuerung dieser Tendenz der „Renaturierung" oder „Entkultivierung".

• Ausgesprochen gefehlt haben uns nun Aussagen von Menschen dieses Ortes. Unsere Bilder von den Möglichkeiten, die sich vom Untergrund her ergeben, und von den offenbar früher und noch jetzt ablaufenden Prozessen sind ganz deutlich nur eine Seite der Voraussetzungen, die in die Zukunft führen.

Angesichts des letzten Punkts stießen wir deutlich auch an eine Grenze in unserer Arbeit. Bis hierher versuchten wir, uns von verschiedenen Landschaftssituationen bewegliche Bilder zu machen: durch Begehungen, Zeichnen, Betrachten und Besinnung im Gespräch. Ganz offensichtlich ließ sich daraus nicht direkt als nächster Schritt ein Zukunftsplan ableiten. Vielmehr stellte sich zunächst die Frage nach der Darstellung der gewonnenen Bilder. Es ginge nun darum, diese Bilder denjenigen Menschen zu vermitteln, die tatsächlich am Ort Absichten für die Zukunft haben.

Der Charakter der verschiedenen Gesteine

Kalk

Am Südhand des Atibor gibt es viel Weideland, welches im August einen eher kargen, trockenen Eindruck macht. Niedrige, dornige Weißdornsträucher (Crataegus) und einzelne kleine, knorrige Eichen runden das Bild ab. Viele der Ungarn erkannten hierin die „typische Kalklandschaft" wieder, mit der sie vertraut sind.

Selber brachte ich ein etwas anderes Bild mit, vom Ort am Rand des Schweizer Juras, wo ich aufgewachsen bin. Das Karge und Schroffe des Kalks gibt es auch dort, besonders in den vielen Felsabbrüchen („Fluhen") und in der Steilheit der Berghänge. Dies wird aber auf den meisten Flächen abgemildert, wo hohe Buchen-Mischwälder wachsen. Nur ganz oben, an den exponiertesten Stellen, gehen diese in niedrige Wälder mit reichen Flaumeichenbeständen (Quercus pubescens) über – ein starker Anklang an das zuerst skizzierte Bild; aus diesem Grund war mir auch das in Ungarn typischere Kalk-Bild nicht ganz fremd.

In etwas größerem Maßstab fielen am Hang des Atibor viele nahezu parallele, enge Kerbtälchen auf, die nach oben hin auf einer gewissen Höhe abrupt aufhörten. Solche Formen gibt es innerhalb des Dörögd-Beckens nur an diesem Ort. Sie erinnern an Karstformen, wie sie im kleineren Maßstab im blanken Kalkfelsen oft beobachtet werden können, z.B. im Hochgebirge.

Unten in den Kerbtälchen ist die Vegetation keineswegs karg, sondern sogar recht üppig, wüchsig. Dieser Bereich wurde auf Anhieb von kaum jemandem als charakteristisch für die Kalklandschaft gesehen. Dennoch gehört er auch ins Bild, einfach weil die Tälchen ja auch in der Gegend mit kalkigem Untergrund zu finden sind.

Diese verschiedenen Bilder scheinen widersprüchlich, wenn man sie nur einzeln nebeneinander hält. Führt man sie innerlich ineinander über, dann merkt man, wie sie doch alle nur verschiedene Aspekte ein und desselben sehr beweglichen Bildes vom Kalk in der Landschaft sind.

Ein wichtiger Aspekt all dieser Kalkbilder ist das besondere Verhältnis dieses Gesteins zum Wasser. Der Kalk kann das Wasser nicht selber halten, sondern wird von ihm aufgelöst und andernorts wieder ausgefällt. So können auf dem Kalk extrem trockene, karge Verhältnisse entstehen. Dies wird in Ungarn im Vergleich zur Schweiz noch verstärkt, weil hier auch das Klima trockener ist. Wo aber entgegen der eigenen Tendenz des Kalks das Wasser doch irgendwie ein wenig festgehalten wird – z.B. eine kleine Menge Ton oder Mergel, wie in den Kerbtälchen am Atibor oder durch die Baumwurzeln in einem Wald –, da finden wir nicht Kargheit, sondern gerade besonders fruchtbare, wüchsige Verhältnisse vor.

Basalt

Auf den Basalthügeln im Dörögd-Becken wächst meist ein lichter, nicht sehr hoher Wald. Vereinzelt gibt es auch Weiden, die zwar im August recht trocken waren, aber deutlich mehr Masse zeigten als die Weiden auf dem Kalk. Auf mehreren der Basalthügel fanden wir kleine Mulden mit inzwischen halb oder ganz verlandeten Weihern.

Man sah in den Basaltgebieten ebenso selten wie im Kalk anstehende Felsen, aber wir fanden viele einzelne Blöcke und Steine im Boden. Beim Daraufschlagen mit dem Hammer erwiesen sich diese als extrem unterschiedlich in der Härte: Manche sprangen sofort in Stücke, während andere kaum klein zu kriegen waren. Von außen sah man es den Steinen oft nicht an, aber auf den Bruchflächen zeigten sich dann farbliche Unterschiede zwischen dem mehr oder dem weniger verwitterten Gestein, wobei die so sichtbare Verwitterungskruste eben unterschiedlich dick war.

Niemand hatte auf dem Basalt unmittelbar den Eindruck von etwas „Typischem“. Auch ich selber brachte kein sehr konkretes Bild von charakteristischen Basaltlandschaften mit. Fast alles, was bisher beschrieben wurde, unterscheidet aber die Basalthügel von den kalkigen Gebieten.

Auch hier zeigt sich also, daß zwar kein einzelnes „typisches Bild“ gefunden werden kann, aber dennoch Charakteristisches faßbar wird, wenn man das beweglich genug tut. Es sei noch besonders auf das Verhältnis des Basalts zum Wasser hingewiesen, welches völlig anders ist als das des Kalks. Zunächst einmal wäre es kaum möglich, auf einem rein kalkigen Hügel solche Weiher zu finden wie die auf dem Basalt vorgefundenen. Die beschriebenen, unterschiedlich harten Steine sind Produkte der unterschiedlich fortgeschrittenen Verwitterung durch Luft und Wasser, wobei das beim Basalt nicht Auflösung bedeutet wie beim Kalk, sondern Umwandlung. Dabei entsteht ein toniges Material, welches zudem durch seinen Gehalt an Mineralstoffen auch fruchtbar ist.

Das gegenüber dem Kalk andere Verhältnis zum Wasser bewirkt, daß im Basalt die verschiedenen Landschaften und Bilder nicht so gegensätzlich erscheinen, sondern eher in milden Übergängen. Ein Beispiel dafür war der Übergang von einem verlandenden Teich über eine Weide bis hin in einen lichten Wald bei Öcz. Es tauchte im Gespräch die Formulierung auf: „Der Basalt ist überhaupt weniger typisch als der Kalk“ – was aber offensichtlich typisch für ihn ist!

Methodische Besinnung: Kausalität, Charakterbilder und Entwicklungsmöglichkeiten

Was ist eine „typische Kalklandschaft"?

In der Besinnung unserer Beobachtungen entstand viel Unsicherheit. Die Erwartungen der verschiedenen Teilnehmerinnen und Teilnehmer waren sehr unterschiedlich und natürlich ganz anders als das, was dann geschah. Keineswegs alle fühlten sich damit wohl, schon am ersten Tag so viel eigene Initiative entwickeln zu müssen. Viele Fragen allgemeiner Art, zu Sinn und Zweck des ganzen Vorgehens usw. kamen auf und führten zu spannenden Diskussionen. Was in diesen Gesprächen geschah, war oft wichtiger als die einzelnen Beispiele selber, aber es läßt sich nicht leicht zusammenfassen. Dennoch möchte ich hier einige Gedanken und Erfahrungen dazu schildern, wie sie sich mir dabei ergeben haben.

Im ersten Moment stellt man sich das Typische der durch ein bestimmtes Gestein geprägten Landschaft so vor, daß man es mehr oder weniger durch einige Adjektive beschreiben könnte, also z.B. „Kalk – trockener Untergrund, kleinwüchsige, dornige Pflanzen" usw. Vom Basalt wurde demgegenüber festgestellt, daß er einfach „weniger typisch" sei.

Bei näherem Hinsehen wird deutlich, daß dieses Konzept konkret nicht sehr weit führt. Es stellt sich heraus, daß es zu fast jeder so direkt als typisch bezeichneten Eigenschaft auch Gegenbeispiele in der Natur gibt. Man kann das ganze Bemühen an dieser Stelle abbrechen und zu einem Mißerfolg erklären. Besinnt man sich hingegen auf die Erfahrungen in konkreten Landschaften, so befriedigt das nicht: Es lebt doch einfach in Kalklandschaften etwas anders als in Basaltlandschaften!

Dies ist die erste Klippe auf unserem Weg. Es gilt einzusehen, daß offenbar nicht die Problemstellung verfehlt ist, sondern der erste Ansatz. Das Problem ist die zu schnelle Verallgemeinerung: Was in den einzelnen, konkreten Eindrücken an Ort und Stelle noch wahrnehmbar ist, geht durch den Abstraktionsvorgang verloren. Es gilt also, länger an den konkreten Bildern zu bleiben, um das in ihnen Lebende zu ergründen. Ebenso muß versucht werden, die Resultate nicht nur in Abstraktionen, sondern auch in einzelnen, nun selber ausgewählten oder geschaffenen Bildern zum Ausdruck zu bringen.

„Typisches Bild" zwischen Kausalität und Bildhaftigkeit

Dem geht ein Weg durch all die vielen möglichen Naturbilder voraus, die man vorfinden kann und die berücksichtigt werden wollen. Jeder Eindruck in einer Kalk- bzw. Basaltlandschaft kann hier etwas zum Ausdruck bringen, aber offensichtlich ist auch nicht jeder einzelne Natureindruck in gleichem Maße wesentlich und typisch für das betreffende Gestein. Aber welche sind es mehr, welche weniger?

Hier stehen wir an einer zweiten Klippe. Wir sind im ersten Moment geneigt, hier nur in direkten Kausalitäten zu denken. Man fragt sich beispielsweise, ob die üppige Vegetation in den Kerbtälchen am Atibor „typisch für den Kalk" sei, zumal sie doch „wegen" dem dort vorhandenen Ton/Löß/Mergel o.ä. so üppig ist. Hier kann auch beliebig weitergefragt werden: Warum ist gerade dort so viel Ton zu finden? Warum ist das Wachstum an anderen Orten auf dem Ton viel weniger üppig? usw. Wo soll man mit dem Fragen aufhören? Man gerät in eine Verwirrung, weil schließlich alles wieder auf komplizierte Weise mit anderem zusammenhängt, so daß es ohne Willkür nicht möglich ist, dem Ergründen von Ursachen irgendwo ein Ende zu setzen, eine „letzte Ursache" festzustellen. Tatsächlich erweist es sich als fruchtbarer, zunächst einmal alle Eindrücke in gleichem Maße als typisch anzusehen und sich erst im Laufe der Zeit zu fragen: Inwiefern hat sich mein Bild von Kalk- bzw. Basaltlandschaft nun verändert? Wie würde ich diese Veränderung zum Ausdruck bringen? Ungewohnt ist die bildhafte Auffassung von Naturbeobachtungen in jedem Fall. Dabei geht es nicht um das reine Konstatieren und Festhalten einzelner Beobachtungen und Fakten, sondern darum, in der Erscheinung ein Bild für etwas anderes zu sehen. Im gegebenen Beispiel ging es darum, jedes Erscheinungsbild, von der einzelnen Pflanze bis zur Morphologie des Geländes, als Ausdruck des kalkigen Charakters der Landschaft zu sehen. Dies dient dann in erster Linie nicht dem schnellen Beurteilen einer Situation, sondern dem Weiterentwickeln der eigenen, inneren Bilder, aus denen heraus z.B. schnelle Urteile überhaupt erst möglich sind. Werden diese inneren Landschaftsbilder hingegen nicht weiterentwickelt, dann bleiben es immer etwa dieselben, die z.B. aus der eigenen Kindheit stammen oder sonst woher, aber gewiß nicht immer und überall eine angemessene Urteilsgrundlage darstellen.

Bezug zur praktischen Planungsarbeit

Eine dritte Klippe stellt die Angst der in der Praxis tätigen Planer dar. Wenn sie bemerken, daß mit der hier charakterisierten Methode ein womöglich länger dauernder Entwicklungsprozeß verbunden ist, sagen sie sich: „Das ist nichts für mich, dafür habe ich keine Zeit, so lange warten meine Auftraggeber nicht!" Nun, das ist ein Mißverständnis. Alle Teilnehmer unserer Arbeitsgruppe kamen schon mit einem mehr oder weniger deutlichen Bild von „typischer Kalklandschaft" her, welches sie sich irgendwo gebildet hatten. Mit diesem Bild konnten sie arbeiten, wenn es darum ging, die Kalkigkeit eines Untergrunds mit zu berücksichtigen. Nach unserer Arbeitswoche sind diese inneren Bilder alle ein wenig ergänzt, verwandelt, korrigiert oder weiterentwickelt worden. In einem abschließenden Sinne perfekt sind sie aber gewiß nicht, und werden es wohl auch kaum je sein. Dennoch könnte das neu Entwickelte schon hilfreich sein, wenn man wieder einmal irgendwo mit Kalk zu tun bekommt. Noch mehr kann es bringen, wenn sich jemand z.B. eine Zeit lang vornimmt, einmal besonders auf die kalkigen Situationen zu achten, wo immer man ihnen begegnet, in der planerischen Arbeit oder auf Reisen. Zu solchen Bemühungen wollten die Übungen in unserer Arbeitswoche anregen.

Vergangenheit und zukünftige Entwicklung

Die Kalkigkeit einer Landschaft ist ein Aspekt der „Konstitution" einer Landschaft. Sie ist mit allen anderen historischen Aspekten verwandt, auch mit der menschlichen, kulturellen, sozialen und wirtschaftlichen Geschichte, indem dies alles Prägungen von der Vergangenheit sind. Obwohl jeder intuitiv weiß, daß diese Aspekte einer Landschaft irgendwie wichtig sind, ist es doch auch klar, daß die Zukunftsbilder nicht direkt aus der Vergangenheit geholt werden können. In jedem Fall ist zuerst ein Prozeß der Verinnerlichung dieser Bilder in uns selber nötig, aus dem heraus dann die Fähigkeiten zur Neugestaltung entwickelt werden können. Auch dies war ein Anliegen dieser Arbeitsgruppe, wo gerade die Aspekte des Untergrunds und der Geschichte so stark im Mittelpunkt standen.

Einige Gedanken zum Kalk und zum Wasserhaushalt im Dörögd-Becken und dessen Umgebung

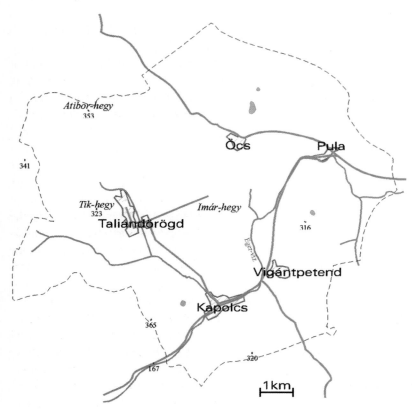

Zuletzt seien noch einige Fragen und Bemerkungen zum Kalk in der Region des Dörögd-Beckens erlaubt. Diese wurden in mir durch die Beobachtungen im Laufe unserer Arbeit geweckt. Wir suchten in der Gruppenarbeit nach Charakteristischem in den Landschaftsbildern. Über die Schwierigkeiten dieses Weges sowie über erste Resultate wurde schon berichtet. Hier geht es noch einmal um einen speziellen Aspekt der Kalklandschaften, der mir besonders zu denken gegeben hat: der Bezug zum Wasserhaushalt.

Wie schon dargestellt, befindet man sich in einigen Bereichen des Dörögd-Beckens fast direkt auf dem Kalkfelsen. In den betreffenden Gebieten dominieren Schafweiden als Nutzungsart. Diese sehen, zumal im Hochsommer, sehr mager und trocken aus, insbesondere auch im Vergleich zu Löß- oder Basaltflächen mit Weidenutzung. Dies sahen viele Ungarn als ihr charakteristisches Bild von Kalklandschaften überhaupt, mit dem sie schon gekommen waren.

Meinem Bild von Kalklandschaften entsprach das, wie bereits erwähnt, nicht. Dieses stammt aus dem Schweizer Jura, der ebenfalls eine ausgeprägte Kalklandschaft ist bzw. eine Landschaft, die insbesondere vom Kontrast zwischen Kalk- und Tonschichten geprägt ist. Dabei bildet der Kalk mit steilen Kanten und herausleuchtenden Felsen eine Art Skelett des Gebirges, während der Ton in den Senken liegt, sanfte Formen zeigt und natürlicherweise nicht an der Oberfläche in Erscheinung tritt. Die Nutzung verteilt sich ziemlich streng, und zwar Buchenmischwälder auf dem Kalk und Landwirtschaft, meist Wiesen und Weiden, auf dem Ton. Das ist so klar, daß man als Geologe danach schon fast kartieren kann. Sicher spiegelt sich in diesen beiden Kalkbildern in erster Linie das unterschiedliche Klima der beiden Regionen: Die Schweiz ist im Vergleich zum kontinentalen Charakter von Ungarn schon recht „ozeanisch" geprägt, bei etwa gleichem nördlichem Breitengrad.

Ein zweiter wichtiger Unterschied ist der Umgang mit der Landschaft im Laufe der Jahrhunderte. Darüber gaben uns die vom Pagony-Büro zusammengestellten Kartierungen der Nutzungsgeschichte des Dörögd-Beckens wichtige Auskünfte, die mit den aktuellen Eindrücken verglichen werden können. Daraus ergibt sich, daß das heutige Nutzungs- und damit auch Landschaftsbild noch gar nicht besonders alt ist. Heute kann man ja im Dörögd-Becken mehr oder weniger zuordnen: Löß = Ackerbau, Basalt = Wald und Kalk = Schafweiden. Vor rund 200 Jahren war das aber noch längst nicht so; da war fast das gesamte Gebiet bewaldet, und die Menschen begannen damit, durch Rodung Flächen für die Landwirtschaft freizumachen. Das waren zuerst die Lößflächen, aber dann folgten schon rasch auch erste Kalkflächen. Nur auf dem Basalt wurde kaum gerodet. Seit rund hundert Jahren findet ein langsamer Rückgang der genutzten Flächen statt. Hier stellt sich schon die erste Frage, warum die Kalkflächen so bevorzugt wurden, zumal heute die Weiden auf Basalt deutlich üppiger aussehen als die auf dem Kalk.

Interessant ist es nun, zu unterscheiden, welche Kalkfläche, die heute als Weideland genutzt wird, schon wie lange gerodet ist. Dabei zeigt sich folgende Reihenfolge: Atibor ca. zweihundert Jahre, Imár ca. hundertfünfzig Jahre und „Modellbecken" ca. hundert Jahre. Und schon bekommt eine weitere Beobachtung einen Sinn: Die Trockenheit und Magerkeit des Weidelandes ist nämlich auf den drei angeschauten Kalkstandorten keineswegs gleichermaßen deutlich. Die Abstufung entspricht genau der eben erwähnten Reihenfolge: Der Atibor ist am magersten, im „Modellbecken" sind die Weiden am üppigsten. Ganz offensichtlich ist hier eine *Entwicklung* im Gange, deren Zeitmaß zwar noch nicht „geologisch" ist, aber dennoch die menschliche Lebenszeit übersteigt.

Damit bietet sich auch eine Erklärung für die Bevorzugung der Kalkflächen gegenüber den Basaltplateaus an: Diese waren *früher* vielleicht einfach fruchtbarer! Allerdings hat man durch das Roden einen Prozeß in Gang gesetzt, eine langsame, aber sichere Verkarstung des Gebiets. Weil diese so langsam verläuft, daß sie im Laufe eines Menschenlebens kaum auffällt, gewöhnt sich jede Generation einfach an das Bild, mit dem sie aufgewachsen ist. Die Nutzung der Kalkflächen wurde im Laufe der Jahrzehnte langsam so weit extensiviert, daß heute die Schafweiden überwiegen.

In bezug auf den Wasserhaushalt ist ein wichtiges aktuelles Thema im Dörögd-Becken die langsame Vertrocknung der kleinen Bäche, die gerade in den letzten Jahren sehr auffällig wurde. Diese wird meist in Zusammenhang mit dem Bauxitabbau gebracht, weil sie zeitlich damit zusammenfällt. Räumlich fällt sie damit allerdings nicht zusammen, und daraus ergeben sich wiederum Fragen: Wieso ist ausgerechnet der Eger-Bach (zwischen Pula, Vigántpetend und Kapolc) inzwischen ganz ausgetrocknet, obwohl er am weitesten von den Bauxitgruben entfernt ist, während der viel nähere Röhe-Bach (zwischen Taliándörögd und Kapolc) noch fließt?

Der Bezug zum Bauxitabbau ist also keineswegs sehr schlüssig, sondern nur die mangels Alternativen scheinbar naheliegendste Ursache. Nach den obigen Beobachtungen scheint mir aber dennoch sehr bedenkenswert, ob diese Vertrocknung nicht auch eine indirekte Folge der Verkarstung der gerodeten Kalkflächen ist. Dieser Überlegung wird immer mit dem Zeitargument begegnet, daß die Rodungen doch schon viel älter seien. Aber das ist es ja gerade: Die Folgen der Rodung treten erst mit so großer zeitlicher Verzögerung auf, daß man sie nicht mehr mit der Ursache in Verbindung setzt! Weil der Verkarstungsprozeß so langsam verläuft und sich heute niemand mehr an die Rodung erinnern kann, sind die gerodeten Kalkflächen längst ins Bild der „natürlichen" Landschaft übergegangen, mit dem die Menschen leben. Die Bauxitgruben stellen dagegen stark auffallende, aktuelle Eingriffe dar

...

Angesichts der Tatsache, daß auch heute noch zunehmend Flächen stillgelegt werden, wäre also ein Umdenken in bezug auf die Kalkflächen zu erwägen. Auch wenn hier Schafweiden dem gewohnten Nutzungsbild entsprechen, auch wenn man das seit Generationen „schon immer so gemacht hat", könnte langfristig dennoch eine Wiederaufforstung sinnvoller sein, d.h. eine Art historische Erholung dieser Flächen, bevor sie so kahl und verkarstet sind, daß das überhaupt nicht mehr geht. Gerade in einer Zeit, wo der „wirtschaftliche Nutzungsdruck" auf diese Flächen eher gering ist, würde sich das als Chance anbieten.

Dies sind jedoch zunächst nur Überlegungen eines Fremden, der in der kurzen Zeit einer Woche seine mitgebrachten und aktuellen Eindrücke zusammengebracht hat. Dabei habe ich die Entwicklung der Gedanken so nachgezeichnet, wie sie mir gekommen sind, und vieles ist bisher nur in Frageform formulierbar.

Ganz gleich, wie diese Fragen und Gedanken nun an Ort und Stelle weiterleben, waren sie doch auch für mich selber sehr wichtig. Noch selten konnte ich an einem Ort so deutlich erleben, wie wichtig der historische Aspekt bei der Entwicklung „charakteristischer Landschaftsbilder" ist. Es ist offenbar nötig, die mit bestimmten Gesteinen verbundenen Prozesse deutlich mit ins Auge zu fassen; im Fall des Kalks eben die Verkarstung. Damit bekommen die „typischen" Kalkbilder, die man an verschiedenen Orten gewinnen kann, einen wesentlich stärkeren inneren Bezug.

Morphologie, Bildhaftigkeit, Stimmungsqualität und Eigenart der Landschaft – Außenbild der menschlichen Seele (Arbeitsgruppe 4):

Cristobal Ortin und Gabor Szücs

Prolog

Jeder Mensch sucht seinen Platz in der Welt, den Ort, wo er sich gut fühlt, wo er für sich und die anderen, für seine Heimat und für die Erde etwas tun kann. Früher haben die Menschen diesen Ort gemeinsam, in einer Gemeinschaft, gesucht. War der Ort gefunden, konnte man ihn nie mehr vergessen. Der Mensch gehörte zu diesem Ort. Wenn er von diesem Ort vertrieben wurde, konnte er es nicht aushalten und starb. Er hatte keinen anderen Platz in der Welt.

Es gab Orte, welche verlassen wurden, und niemand kehrte zurück. Es gab Orte, welche man nie mehr vergessen konnte, und auch heute leben dort Menschen. Der Ort ist da, wo wir unseren Platz in der Welt finden. Der Ort – die Ortschaft, die Siedlung.

Warum sind Siedlungen dort, wo sie sind? Wer und was findet dort seinen Platz?

Kann die Landschaft ohne Siedlung existieren?

Kann die Siedlung ohne Landschaft existieren?

Was für eine Wirkung hat die Harmonie der Siedlungsstruktur und der Geomorphologie auf die Tätigkeiten des Menschen? Hat sie einen Effekt?

Warum müssen wir dort leben, wo unsere Vorfahren lebten? Können wir dort leben?

Aus welcher Absicht bleiben wir an einem Ort?

Welche Absicht läßt uns einen Ort wählen, um dort die Zukunft zu bauen und nicht wieder die Vergangenheit?

Bauen wir heute unsere gemeinsame oder unsere individuelle Zukunft?

Vorblick

An den Nachmittagen werden wir zwei Siedlungsorte miteinander vergleichen. Aufgrund der vier im folgenden aufgelisteten, sich gegenseitig bedingenden Fragebereiche werden wir versuchen, die sonst dem Bewußtsein verborgen bleibenden Motive bei der Auswahl einer geomorphologischen Situation und der Bildung bestimmter Siedlungsstrukturen zu erfassen:
• Wie sind morphologische Grundlage und Siedlungsstruktur beschaffen und wie stehen sie zueinander?
• Welche Folge von Bildern bietet ein bestimmter Ort bei einer alltäglichen Verrichtung?
• Welche Stimmungsqualität läßt eine Landschaft oder ein Ort zu?
• Welche Betroffenheit löst ein Ort in mir aus?
Jede Fragestellung fordert ein anderes Mittel der Zuwendung. So werden wir zeichnen, malen und beschreiben.

Nebst den fünf Dörfern (Pula, Öcs, Taliándörögd, Kapolcs und Vigántpetend) weist das Dörögd-Becken eine Reihe von Orten mit Spuren vergangener Ansiedlungen auf. Siedlungen wurden im Laufe der Jahrhunderte zerstört und verlassen, andere zur neuen Lebensgrundlage auserkoren.

Während früher ein ganzes Volk, ein Stamm oder eine Sippe solche Veränderungen wagten, sind es heute einzelne, oft jüngere Menschen, die Ortsveränderungen vornehmen. Manche verlassen ländliche Gebiete, um in der Stadt unbegrenzte Möglichkeiten zu suchen, andere ziehen, enttäuscht von der Stadt, in abgelegene Ortschaften, um da längst verloren geglaubte Werte wieder aufzusuchen.

Bei letzteren scheint die Sehnsucht erst einmal befriedigt. Doch kann dieser Zustand von Dauer sein? Welches sind die vorerst dumpf empfundenen Qualitäten des Ortes, und wie können sie ins Bewußtsein gehoben werden? Können so erfaßte Qualitäten Grundlage für neue Gestaltungen werden?

Im folgenden sind tagebuchartig konkrete Situationen der Ortsbetrachtungen niedergeschrieben. Die Schilderungen gewinnen nur dadurch Leben, daß die Leser selbst einen eigenen Bildaufbau vollziehen – sei es rein innerlich oder durch Skizzen, die anhand der Beschreibungen angefertigt werden. Der stichwortartige Stil möge diese Anstrengung fördern. Denn sie ist lohnend: So wird der Text zu einer neuerlichen Wahrnehmungsübung – selbst wenn man nicht "live" dabei war. Auch hier geht es um Schritte:

1. Wahrnehmung des Details;
2. Entdecken von Zusammenhängen;
3. Einleben und Einfühlen in die Gesamtsituation.

Indem man diesen Weg geht, können die in dieser Arbeitsgruppe am Donnerstag und Freitag gezogenen Schlußfolgerungen erlebnisgesättigt nachvollzogen werden.

Samstag

Wetter: Warm, ca. 30-34 Grad; anfangs windstill, später Südwind; Tiefblau im Zenith; im Westen Weiß-Hellblau; im Norden rötliches, leicht lila Grauweiß; im Osten leichter Gelbstich auf Grauweißblau; total wolkenfrei.

Gang zur Arbeit: leichter Abhang links an der Kirche vorbei, ebener Weg; links und rechts querstehende Häuser, nach einigen Schritten vor allem rechts größeres, besonders verziertes Gebäude. Dächer: Giebel-Walmdächer. Halblinks ist die Straße leicht abfallend, leicht rechts: neuer Weg auf der Höhenlinie, Rechtsbiegung ins Neubaugebiet. Verzweigung war alte Dorfgrenze. Nach Einfamilienhäusern links Pappelallee, rechts Maisfeld. Dann offener Feldweg, rechts leicht ansteigendes Feld bis zu längsverlaufendem Hang; links leicht abfallender Hang, gegenüber weit entfernter Hang. Davor querverlaufender Hang, wobei man ein vorgelagertes Tal erahnt. Bevor der Weg zum Tal herunterführen würde: Rechtsbiegung. Der Höhenlinie entlang mal Getreide, mal Maisfelder links und rechts. Erste leichte Anhöhe mit rechts stehend einem verwilderten Birnenbaum. Zweite leichte Anhöhe mit großem Morusbaum. Schließlich führt der Weg abwärts auf ein Wäldchen zu. In den Wald fließt quer ein Bächlein. Bachauengebiet. Hier wird unsere Arbeitsgruppe die Übungswoche mit einem Arbeitseinsatz für einen Landwirt aus Taliándörögd beginnen. Auf einer nebenstehenden An-

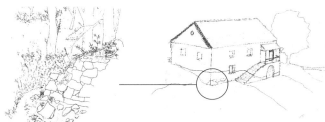

höhe, umzäunt von einem verlassenen Obstgarten, stehen Reste einer Sockelmauer einer ehemaligen Herrschaftsvilla: ein Keller; Basaltsteine.

Aufgabe: Steine von den Keller- und Mauerresten sollen zum Bach transportiert werden, um dort die eine Uferseite zu befestigen. Die andere Uferseite soll als Kuhtränke unbefestigt bleiben (Schwemmseite).

Ein Teilnehmer ist der Ansicht, die Befestigung des Ufers komme einer Begradigung eines an sich mäandrierenden Baches gleich, wäre also Naturzerstörung nach längst bekanntem Muster. Es ist ihm nicht möglich, sich an der Arbeit zu beteiligen, da das Projekt wider bessere Einsichten beschaffen sei. Als einzige Möglichkeit sieht er das Gespräch mit dem Bauern über das Vorhaben. Zu diesem Gespräch hatte der Bauer jedoch gar nicht eingeladen, nur zum Steinetransport.

Es bleiben die Fragen:

• Wie können Erfahrungen im Umgang mit der Landschaft an "Unerfahrene" vermittelt werden, ohne daß es eine bloße "Belehrung" wird, bevor der "Unerfahrene" dieselben "Fehler" vollzieht?

• Kann im Sinne einer Entwicklung des einzelnen bei irgendwelchen Lösungen von "richtig" oder "falsch" gesprochen werden, auch wenn der Eingriff Lebenswerte zerstört?

• In welchem Sinne werde ich "mitschuldig" an der Zerstörung von Lebenswerten, wenn ich mich wider besseres Wissen an der Gestaltungsmaßnahme beteilige, weil ich mich dem Willen der anderen unterwerfe?

• Unter welchen Voraussetzungen kann ich meine Erfahrungen in die Planung einbringen?

Der betreffende Teilnehmer arbeitet also nicht mit und vertieft sich in die Eigenart der Situation. Die Arbeit wird zufriedenstellend ausgeführt. Der Bauer lädt anschließend zum Maiskolbenschmaus ein, an dem wieder alle teilnehmen.

Sonntag

Rückblickende Ergänzung zum gestrigen Gang zur Arbeit: Die Giebel der Häuser sind hochgezogen und mit Ziegelsteinen abgedeckt. Die Fassaden sind oft zweifarbig: Erdgeschoß und Dachgeschoß. Der Straßenraum ist weit, ohne Gehsteig; manchmal umzäunte, oft offene Vorgärten; Pfade vor den Vorgärten werden als Gehsteige benützt. Am Ende der abfallenden Straße steht ein größeres, ziselierter gestaltetes Haus – danach ist die Wegverzweigung, an der wir rechts abbiegen. Der nun folgende Weg ist vertieft in einer Höhlung. Wetter: blauer Kegel am Zenith. Westen: Hellblau bis Weiß, wobei der Weißstreifen größer scheint als am Samstag. Norden: etwas über dem Horizont eine Wetterfront, die in dem Dunstgrau nur als konturiertere Grauzone erscheint. Osten: am Horizont etwas größerer Dunstbereich, grauer als gestern, darüber streifenartige, verwischte Cirrenwolken, die von Süd nach Nord langsam (fast stehend) wandern. Am Boden leichter Südwind. Temperatur warm oder heiß, trocken.

Der Bus bringt uns zum Dorfschild von Öcs. Halbrechts führt die Umfahrungsstraße, halblinks die alte Straße durch das Dorf. Wir gehen weiter durchs Dorf bis zur katholischen Kirche auf der oberen Kuppe.

Übung: Zu zweit wendet man sich einem Ausblick zu. Der eine schaut, beschreibt, der zweite ist dem Ausblick abgewendet und skizziert die Landschaft aufgrund der Beschreibungen. Danach wird gewechselt und ein neuer Ausblick ausgewählt. Eine kurze Besprechung gibt Auskunft über die Erfahrungen beim Beschreiben oder beim Zeichnen.

Die Beobachtungsaktivität ist gesteigert. Fragen des Zeichnenden weisen auf Selbstverständlichkeiten hin, die man gerne übersieht. Der Versuch, erst einen Überblick über das ganze Bild zu beschreiben und dann die Einzelheiten hineinzuzeichnen, scheitert daran, daß zweiteres in der freien Fläche keinen Platz fand. Andersherum – beim Zeichnen anhand einer Aufreihung von Einzelheiten von der Mitte zum Rand – war ziemlich bald das Blatt zu klein.

Montag

Wir fahren mit dem Bus bis zur Parabolspiegelanlage nahe des Imárberges im Zentrum des Beckens. Wetter: Etwas Dunst oder Nebelartiges in der Luft blendet die Augen, sonst Sonnenschein. Nach Norden ist der Dunst etwas höher über dem Horizont, fast wolkenartig oder vergleichbar mit Inversion, grau mit rötlichem Stich. Nach Osten ist der Hellblau-Bereich ausgedehnt und extrem weiß. Im Westen einige Kumuluswolken, zwar klein geballt, jedoch hoch und im Aufbau begriffen. Sie wandern von Ost nach West. Über uns etwas niedrigere, kleine, sich auflösende, verzerrte Wölkchen in zügiger Bewegung. Wind von Süd-Südost. Temperatur: heiß!

Wir wandern vom Parabolcenter nach Öcs. Auf eine detaillierte Beschreibung dieses Weges wird hier verzichtet, lediglich der Zugang zum Ort ist von Bedeutung. Der Weg führt gegen Ende rechts an einer Kuppe vorbei. Allein einige Strommasten, die über die Kuppe ragen, verraten eine Siedlung. Bald jedoch wird das erste Wirtschaftsgebäude sichtbar, gleich danach weitere Häuser, eine Kirche und weitere Wirtschaftsgebäude, Häuser und Hausgruppen. Die Kirchtürme sammeln Häuser um sich, fast die Dörfer bildend. Das Ganze in einer Senke als kleine "Nebenmulde" vom Becken. Die Straßenräume sind weit, die Häuser stehen meist quer zur Straße und bilden mit dahinter längsstehenden Bauten zur Straße offene Hofräume. Wir gehen zur Anhöhe, auf der, umgeben von Häusern, die katholische Kirche steht. Die Übung vom Vortag wird fortgesetzt:

a) Jeder zeichnet den Ausblick, den er am Vortag beschrieben hat, aus der Erinnerung mit geschlossenen Augen: ca. zwei Minuten;

b) Jeder zeichnet dasselbe aus der Erinnerung, nun auf das Blatt schauend: ca. zehn bis fünfzehn Minuten.

Besprechung:

zu a) Auf der Skizze sind in charakteristischer Form die wesentlichen Elemente des Ausblicks vorhanden. Damit ist die Landschaft in großzügigen, zusammenfassenden Linien erfaßt. Es wird bemerkt, daß die Blindzeichnung einer Kinderzeichnung gleichkommt, in der das Kind wenige Striche zeichnet und eine Fülle von Erlebnissen damit verbindet.

Aus der Beschreibung "blind"

Aus der Erinnerung blind

Aus der Erinnerung

zu b) Insofern etwas beschrieben wurde, ist es problemlos zu erinnern. Es entsteht ein Bild von großer Dichte – die beste der bisherigen Darstellungen. Befriedigend ist das Gefühl, das Bild sozusagen in sich zu haben. Während des Aufzeichnens fällt auf, welche Dinge unbedeutend geblieben sind; dies fordert einen auf, nochmals neu fragend hinzuschauen. Dieser Vorgang, wenn er wiederholt wird, steigert die Fähigkeit, in die Welt zu schauen, oder anders: Er steigert die Fülle der Fragen, mit denen man in die Welt schaut.

Da eine Himmelsrichtung jeweils von mehreren Teilnehmern erfaßt wurde, ist es bei der Besprechung möglich, an den Bildern unterschiedliche Aspekte herauszulesen. So zeigt der Ausblick nach Nordwesten von drei verschiedenen Teilnehmern folgendes:

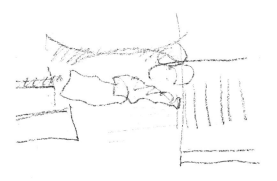 

Teilnehmer 1: blind   Aus der Erinnerung

Der Blick widmet sich der Landschaft zwischen zwei Häusern. Die Häuser bilden gleich einem Bilderrahmen den Vordergrund und lassen den Betrachter durchschauen, oder anders, lassen die weite Landschaft bis zum Betrachter hin fließen, herankommen.

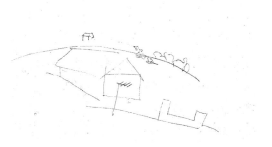 

Teilnehmer 2: blind   Aus der Erinnerung

Der Blick ist auf eines dieser Häuser gerichtet. Es zeigt die Beschaffenheit der Fassaden, Gärten und Vorgärten. Das Bild ist objektorientiert.

Teilnehmer 3: blind   Aus der Erinnerung

Der Blick zeigt die Weite und Größe der Landschaft, die Häuser sind verhältnismäßig klein dargestellt. Obwohl in der Raumperspektive die Häuser den Löwenanteil der Bild-

fläche einnehmen würden, ist das Verhältnis der unendlichen Weite zu den kleinen
Häuschen auf der Skizze treffend erfaßt.
Es wird deutlich, wie die Aussage auf den
wiedergegebenen Bildern nicht einfach
von den zeichnerischen Fähigkeiten des
Betrachters abhängt, sondern Ausdruck
dessen ist, wovon sich der Betrachter "be-
eindrucken" läßt.
Im folgenden unternehmen wir einen
Spaziergang durch das Dorf.
Anschließend wird gemeinsam versucht,
einen Plan zu erstellen, also die gemachten Erfahrungen beim Begehen des Dorfes in einen Blick von oben, vom Unendlichen aus, umzuwandeln. Das Resultat
ist eine Skizze, in der vor allem Wegfüh-
rung und Ordnung, also das räumliche
Verhältnis der Bauten zueinander und zur
Landschaft, deutlich werden.

Ortsplan öcs - aus der Erinnerung

Dienstag – Exkursion zum Plattensee und seiner Umgebung

Wetter: vorwiegend bewölkt, doch scheint meist die Sonne durch. Nach Norden und Osten starker Dunst bis Schichtwolkenbildung. Süden nur verdichteter Dunst. Westen wandernde Kumuluswolken, die sich schnell verändern. Starker kalter Nordwind, Temperatur ca. 22 Grad. Aus der Erinnerung. Etwas getrübte Sicht.

Mittwoch

Wetter: Himmel bewegt. Im Westen sich schnell verändernde Kumuluswolken, nach Südost ziehend, etwas darunter leichte Federwolken in entgegengesetzter Richtung. Hauptwindrichtung am Boden: Westen bis Nord-Nordwest. Wärmerer Wind. Osten: Starke Schichtwolkenbildung in mittlerer Höhe. Die Aussicht etwas getrübt. Während im Westen noch blauer, mit weißgrauen Kumuluswolken bespickter Himmel vorherrscht, dominiert im Osten das Weißgrau der Schichtwolken mit vereinzelten blauen Löchern. Die Sonne scheint weiß leuchtend durch eine dichte, nebelartige Schicht. Temperatur etwas wärmer als gestern, 26 Grad, trockene Luft. Das Blau, welches zwischen den Wolken am Zenith zu sehen ist, wirkt tiefer, obwohl sein meßbarer Wert sicher nicht blauer wäre als am Samstag oder Sonntag.

Wir teilen uns in zwei Gruppen, um konzentrierter arbeiten zu können. Die eine widmet sich dem Gesamtblick des Dorfes in der Landschaft vom Weinberg aus gesehen. Die zweite betrachtet eine Bildfolge von der Wegkreuzung in der Mitte des Dorfes aus bis zur katholischen Kirche.

Für den *Gesamtblick* wird versucht, mit Wasserfarbe oder Kreide zu erfassen, wie Öcs, inmitten von Feldern, Wiesen und Wäldern eingebettet, die Besonderheit der Stelle hervorhebt.

In der *Bildfolge* schauen wir gemeinsam in dieselbe Richtung. Erst zählen wir das Sichtbare, Räumliche auf, dann beschreiben wir unseren Eindruck an der Stelle:

Bild 1: Halblinks geht eine geteerte Straße sanft den Hang hoch, um in einer leichten Rechtskurve zu verschwinden. Links dazu stehen Häuser mit Geschäften quer dazu, der Gesamteindruck ist eher Naturgrau. Halblinks ebenfalls ein Sträßchen, jedoch etwas schmaler und neu geteert, steiler, das in einer leichten Linkskurve verschwindet. Rechts davon erneut querstehende Häuser in etwas engerem Abstand, mit umzäunten Vorgärten. Vor uns, in der Mitte, innerhalb dieser Gabelung, öffnet sich eine Wiese in dreieckigem Grundriß, mitten darauf ein umzäuntes Denkmal. Dahinter eher links ein längliches Haus mit Birken und Jungbäumen davor, dann eher rechts die Stirnseite eines Hauses mit blumigem Vorgarten. Dazwischen eine Grüninsel im Hintergrund, über welche die Kirchturmspitze hinausragt. Die "Einheimischen" gehen lieber das schmale Sträßchen hoch – es wirkt intimer, reizvoller und weckt die Neugierde. Für manche Fremde ist das Sträßchen zu intim, als daß sie

sich hineintrauen würden. Sie wählen lieber die Hauptstraße, obwohl diese im Vergleich eher aus dem Dorf zu führen scheint.

Bild 2: Wir sind einige Schritte das schmale Sträßchen aufwärts gelaufen. Die eine zu uns schauende Hausfassade mit umzäuntem Vorgarten davor, im Mittelfeld rechts an der linken Straßenseite unseres Sträßchens, beherrscht das Bild. Der Putz ist dunkelrot, in der Mitte ein Fenster mit giftgrüner Jalousie, umzäunt von ockergelben Farbfeldern der Vorgärten, gestützt auf eine kniehohe Mauer, ebenfalls dunkelrot; darauf eine Vielfalt von bunten Blumen – vor dem Mäuerchen rote, gelbe, violette, blaue, orange Blüten. Rechts sind wir einem der querstehenden Häuser nähergekommen und bemerken Details der Fassade und des Vorgartens. Die Umzäunung ist weiß mit roter Umrandung. Die Wahl des Weges ist getroffen, der Blick ist auf Konkretes gerichtet. Farben und Formen werden "sichtbar", die davor auch schon da, aber nicht zu sehen waren.

Bild 3: Nur wenig Schritte weiter prägt ein dreiflügeliges Fenster im Erdgeschoß, nahe an unserem Wege, unseren Eindruck. Es ist fast unangenehm nahe – intim.

Bild 4: Man kann sagen, daß wir bisher in einem plateauartigen Raum waren, auch wenn dieser am Boden heterogen geprägt war. Nun sind wir am Rande dieses Raumes vor einer räumlichen Verengung, die uns hinausführt. Vor uns die hochsteigende Straße, in der Höhe Buschartiges, Verwildertes. Links das rotbemalte Haus mit Blumengarten, von dem jetzt die Längsfassade zu sehen ist, die uns entlang des Sträßchens in Naturgrau hinausbegleitet. Rechts der Blick in einen Hof zwischen zwei querstehenden Häusern hindurch, unweit dahinter ein Hang mit Wiesen, Büschen und Bäumen.
Erstmals finden wir eine räumliche Orientierung in die Umgebung hinein, eben zum rechtsliegenden Hang. Auch vor uns zeigt der Horizont eine Geländekuppe. Unser Ziel, die Kirche, ist nicht zu sehen.

Um die Leserinnen und Leser nicht zu langweilen, werden an dieser Stelle die folgenden Bilder in zusammengefaßter Form wiedergegeben:

Erst kommt ein nächster Blick rechts in einen Hof mit Blick zum Hang, der jedoch fast steril gepflegt ist. Dann öffnet sich links nach dem längsstehenden Haus ein geschlossener Hof mit Tierhaltung: Hühner, Hunde etc.; der Gesamteindruck ist sand-naturfarben. Hier ist der Kirchturm wieder zu sehen. Auf der Höhe ist eine weißgekalkte Stirnfassade zu sehen; erstmal ist eine Siedlung um die Kirche am Dorfrand zu erahnen. Rechts sind zwei sogenannte Würfelhäuser in sachlichem Stil. Etwas weiter geht der Blick rechts zum Hang. Diesmal ist wieder eine größere, zusammenhängende Hangfläche zu sehen, nun mit ihrer höchsten Stelle. Die Kirche tritt jetzt wieder vollständig ins Bild, davor eine verwilderte Böschung und eine waldartige Baumgruppe. Wir nähern uns der Kirche seitlich zum Chor hin. Knapp auf der Höhe angekommen, ist der rechtsliegende Hang ganz zu sehen. Vor uns geht unser Sträßchen in einer Linksbiegung um die Kirche. Geradeaus geht der Belag über in einen Feldweg, der wiederum in einen verwilderten, ausgedehnten Waldrand mündet.

Nach links abgebogen, ist zu bemerken, wie das Sträßchen wieder abfallende Tendenz hat und eine weite leichte Linkskurve beschreibt. Gegenüber ein bewaldeter Hang mit davorstehenden, etwas tieferliegenden Hausdächern. Im Vorblick rechts sind zum Weg querstehende Häuser in etwas gefächerter Ordnung, die uns ihre Längsseite mit den davorliegenden Gärten zeigen. Ganz rechts führt der Blick zwischen zwei Häusern hindurch in ein weites Feld und auf einen in weiter Ferne liegenden bewaldeten Hang. Links die zweite, fensterlose Seitenfassade der Kirche.

Einige Schritte weiter scheint das Sträßchen etwas steiler abzufallen. Gegenüber ist hinter den naheliegenden Hausdächern ein leichter Gegenhang mit einem nahen, reifen Maisfeld zu bemerken. Rechts ist im nächsten Zwischenraum zwischen den Häusern nochmals die weite Landschaft zu sehen (siehe Montag; Bild des Nord-West-Blickes). Nach nur wenigen Schritten verschwindet die Kirche links aus dem Blickfeld und damit aus dem Bewußtsein; das Sträßchen lockt abwärts, der Straßenasphalt und die Tatsache, daß das Sträßchen gegenüber dem Garten und dem Kirchenvorplatz rechter Hand gesenkt ist, führen den Betrachter, wenn er sich an der Folge der ihn leitenden Bilder orientiert, an der Kirche vorbei. Es ist zu vermuten, daß von gegenüber kommend die Bildfolge in harmonischerer Weise in die Kirche führen würde.

Da uns jedoch von unserem Ausgangsort das erste Bild auf dieses Sträßchen geführt hat (siehe Bild 1), kann gesagt werden, daß die Kirche zwar geometrisch, aus der Vogelschau, eine zentrale Stellung im oberen Dorfviertel einnimmt, erlebnismäßig jedoch eine nebensächliche Rolle spielt. Tatsächlich läßt ein kurzer Blick in das Innere der Kirche einen trostlosen Zustand erkennen.

Donnerstag

Wetter: Über uns ausgebreitet eine tief hängende, dunkle Wolke, die den Hauptanteil des Himmels bedeckt. Wind von Nordwesten oder Westen, relativ warm. Nach Norden bis Nordwesten etwas aufgehellter, orangegrauer Himmel mit vereinzelten Kumuli. Nach Westen vorwiegend massive Kumuli. Luft sehr feucht, vereinzelt Tropfen. Zwei Wolkenschichten in entgegengesetzter Richtung ziehend: unten von Nordwest nach Ost, oben von Südost nach Nordwest.

Heute betrachten wir Pula. Hier gilt es, an einem Tag denselben Beobachtungsstand zu erreichen, wie wir ihn bereits von Öcs haben. Dazu teilen wir uns in vier Gruppen mit folgenden Aufgaben auf:

a) Ortsplan: Die Gruppe "begeht" die Ortschaft und zeichnet anschließend aus der Erinnerung einen Ortsplan. Sie wiederholt diesen Vorgang, bis sie eine genügende Plandichte erreicht.

b) Vogelschau: Vom gegenüberliegenden Hang aus wird ein Bild von Pula in seiner Landschaft gemalt. Dabei soll stets vom Dorf abgewendet gemalt werden; also: Schauen – Abwenden – Erinnern – Malen – Fehlendes in der Erinnerung bemerken – Fragen – dann wieder Schauen – Abwenden usw.

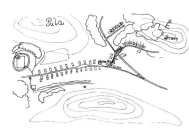

Ortsplan Pula (aus der Erinnerung)

c) Standort: Diese Gruppe wählt einen Standpunkt aus, von dem aus die Blicke in die vier Himmelsrichtungen einen typischen Eindruck von der umgebenden Landschaft vermitteln. Damit wird der Standort selbst eindrücklich definiert. Die vier Ausblicke werden von allen Gruppenmitgliedern gezeichnet nach der in b) beschriebenen Vorgehensweise.

d) Bildfolge: Hier wird eine für Pula charakteristische Wegstrecke ausgewählt und deren Bildfolge beobachtet, beschrieben und skizziert.

In einer anschließenden Besprechung werden die gemachten Erfahrungen ausgetauscht. Ein Vergleich von Pula und Öcs zeigt folgendes:

Ortsplan

Öcs liegt am Rande des Beckens in einer kleinräumigen Talmulde, die selbst eine kleine Erhöhung aufweist (katholische Kirche). Der Fernverkehr wird in einer Umfahrungsstraße vom Dorfgeschehen ferngehalten. Die Topographie erlaubt eine Gliederung des Dorfes in vier Teile mit eigener Kirche. Die Siedlungsstruktur ist der jeweiligen topographischen Lage angepaßt und deshalb vielfältig.

Pula liegt ebenfalls am Rande des Beckens, jedoch in einem weiträumigen Tälchen. Das Schloß und die Siedlung der ehemaligen Leibeigenen stehen etwas oberhalb, die Kirche etwas abseits, jedoch näher zum Hauptvolumen der Siedlung. Diese Siedlung erstreckt sich hauptsächlich entlang der in der Talsohle angelegten Hauptstraße, durch die heute der Fernverkehr fließt. Die Struktur wirkt, mit Ausnahme der Kirche und des Schlosses, etwas monoton.

Während Öcs ruhig und gleichzeitig etwas verschlafen wirkt, scheint in Pula der Lebenspuls zu schlagen – wohl mit den vorbeifahrenden Autos etwas zu hektisch.

Vogelschau

Öcs weist mit dem kleinen Hügel (katholische Kirche) eine zur Talkonkaven sich entgegensetzende Bergkonvexe auf. Damit erhält der Ort innerhalb seiner geschützten Situation das Flair einer über der Landschaft stehenden Eigenheit. Pula hingegen wirkt von vornherein weniger geschützt und weist gleichzeitig keine besondere Aussichtsexposition auf. Dafür stehen vor allem Kirche und Schloß torbildend zu einem sich dahinter fortsetzenden Seitentälchen – Pula wird Knotenpunkt.

Standort

Während der gewählte Standort in Öcs eben Offenheit, Weite, Ferne aufweist und gleichzeitig einsam ist, wirkt die gewählte Stelle in Pula eher untenliegend, eng, geschlossen, dicht am Bach und doch mit einem "Hauch von großer weiter Welt" (Durchgangsstraße).

Bildfolge

Der gewählte Weg in Öcs führt von der Dorfmitte zum Dorfrand am Oberdorf, also von unten nach oben zur Aussichtsstelle. Die gewählte Strecke in Pula ist dazu gerade umgekehrt: vom Außenquartier zum Zentrum hin, von oben nach unten zum Bachbett. Die sicherlich noch immer grobe Auswahl ist dennoch bemerkenswert aussagekräftig: Öcs weist kein eigentliches Zentrum auf und ist peripher orientiert, Pula hingegen scheint erlebnismäßig der Talkehle, dem Bach, zugewendet.

Freitag

Wetter: Nebel oder Wolkenschleier durchziehen den ganzen Himmel. Die Sonne scheint durch – der weiße Wolkenkschleier blendet, doch ist das Hellblau des Himmels zu genießen. Wind von Südost, warm. Wolken in Auflösung. Im Nordosten bis Nord hochstehende Kumuli. Im Südwesten gleichmäßige Trübe bis hin zur totalen Deckung des Horizontes. Luftfeuchtigkeit hoch.

Besprechung

Erst versuchen wir einen Rückblick auf die Woche. Danach wird das Wochenthema kurz gefaßt und eine Besinnung von einigen Minuten ermöglicht. Schließlich werden daran sich anknüpfende Fragen gesammelt:
• Hat es einen Sinn, daß der Tourismus Lebensgrundlage wird?
• Können der Frieden oder die Ruhe bestehen bleiben?
• Müßten denn die Menschen nicht vom Ackerbau leben?
• Kann man die Landwirtschaft so ausbauen, daß die Menschen davon leben können?
• Sind die Bewohner so gute Nachbarn, daß sie sich die landwirtschaftlichen Aufgaben aufteilen können?
• Wie kann man die architektonischen Werte mit der Änderung des Lebensstils erhalten?
• Was wollen die Menschen von der Landschaft? Wie steht der Tourismus dazu? Hat er nicht notwendigerweise Auswirkungen auf die Landschaft?
• Welche Infrastruktur benötigen diese Gemeinden? Können sie sich selbständig entwickeln oder brauchen sie eine andere Stadt?
• Ergänzen sich die fünf Dörfer?
• Wie könnte man junge Menschen locken/halten?
• Hat das Dorf Zukunft?
• Kann der Eindruck bleiben?
• Soll sich das Dorf ändern?
• Soll an der Individualität der Landschaft festgehalten oder den Wünschen der Bewohner gefolgt werden?
• Wie unterscheiden sich diese Interessen?
• Wie prägen die Interessen der Menschen die Landschaft?
• Wie hat sich meine Beziehung zum Ort verändert?
• Wie kann die Kraft des Dorfcharakters, wie ich ihn jetzt empfinde, erhalten bleiben?
• Was für Bedürfnisse haben die Bewohner?
• Was für Bedürfnisse haben die Touristen in bezug auf die Siedlungsstruktur?
• Wird es in der Schule von Öcs, die zur Zeit die ersten vier Klassen beinhaltet, eine Oberstufe geben?
• Welche Berufs- und Arbeitsmöglichkeiten sind in den Dörfern absehbar?
• Was für eine Einheit bilden die fünf Dörfer des Dörögd-Beckens (wirtschaftlich/kulturell/rechtlich)?

• Was könnte die Eigenleistung der Menschen beim Umgestalten der Ortschaften sein?

Zwei Fragegruppen, an uns selbst gerichtet, prägen den weiteren Verlauf des Gesprächs:

a) Welches Motiv, welches Element ist Anlaß für meine (fiktive) Niederlassung in Öcs?
Die Prozentzahlen geben anteilsmäßig an, wieviel Teilnehmer der Gruppe die jeweilige
Kategorie wählten.

Überblick über das Tal	95%
Eingebunden in die Landschaft	?
Keine Durchfahrtstraße	90%
Nahe an Landstraße	50%
Geschlossener Ort	75%
Offene Gestaltungsmöglichkeiten	90%
Charakter für meine Seele, Heimat, Alte Häuser	70%
Haus mit Garten	100%

a') Was habe ich geändert oder will ich ändern, um überhaupt hier leben zu können?

Mehr Leben, kulturelle Angebote	75%
Gewerbe, Handwerker	90%
Kühe mit Hof (biologisch-dynamisch)	95%
Arbeitsplätze	100%
Vermehrt traditionelle Häuser	90%
Kräutergarten	20%
Arzt	70%
Größeres Haus	4%
Gesetz: Keine Hausbebauung	95%
Gemeinschaftshaus mit privaten Teilen	30%
Keinen Bürgermeister, statt dessen Runder Tisch	50%
Dorfplatz	90%
Fortschrittliche/r Bürgermeister/in	50%
Öffentliche Verkehrsmittel	?

In bezug auf die wahrgenommenen Häuser und Gärten, die ja schließlich mit den aktuell
darin lebenden Menschen eng verknüpft sind:

b) Welches Haus möchte ich zum Nachbarn haben?

Haus mit Vorgarten und Blumen	15%
Großes Haus mit Garten	100%
Haus mit verwildertem Garten	50%
Haus mit gepflegt verwildertem Garten	100%

Weißes Haus mit Nußbaum	90%
Haus auf der Höhe Nordwest	95%
Haus bei Bushaltestelle	50%
Nachbar mit brüchiger Mauer	90%
Kindergarten	15%
Dorfrand	80%
Tierhaltende/-liebende Nachbarn	60%
Kuhhof	75%
Haus mit Wasserwanne	70%
Haus mit Kompost	45%

b') Welches Haus möchte ich nicht zum Nachbarn haben?

Zaun mit schwarzen Stäben und weißen Gittern	80%
Hunde an der kurzen Kette	100%
Haus mit Hühnerhof als Eingang	65%
Zwei Häuser mit verwilderten Gärten	50%
Zigeunerhäuser	90%
Wirtschaft	95%
Kindergarten	30%
Hof mit Mähmaschine	75%
Gemähter Rasen	60%

Naturschutz im Dörögd-Becken (Arbeitsgruppe 5)

Hans-Christian Zehnter und Attila Vincze

Themathischer Hintergrund

Im Rahmen seiner Zukunftsplanungen steht dem Dörögd-Becken die in Westeuropa schon fast klassisch zu nennende Auseinandersetzung um den Erhalt von Flächen für den Naturschutz noch bevor. Gerade dadurch, daß hier in den letzten Jahren viele Bereiche sich selbst überlassen wurden, konnten sich in verschiedenster Hinsicht für den Naturschutz wertvolle Flächen entwickeln. Für viele dieser Gebiete stünde im Rahmen eines wirtschaftlichen Entwicklungsprogrammes eine Umnutzung an, für andere müßte erst ein Naturschutzkonzept entwickelt werden. So ist z.B. nicht immer deutlich, welches Motiv eines Gebietes gepflegt werden soll: Soll z.B. am Nagy-Teich eher das durch einen sich ausbreitenden, vielfältigen Röhrichtbestand verdrängte Sphagnum-Moor wiederhergestellt oder der Röhrichtbestand für seltene und gefährdete Vogelarten erhalten werden?

Dieser Hintergrund verweist auf drei klassische Grundfragen im Naturschutzanliegen:
1. Wie komme ich im Einzelfall zu einer *sachgemäßen* Abwägung der Nutzungsinteressen?
2. Woher nehme ich die Motive für mein *spezielles* Schutzinteresse?
3. Wie kommt es überhaupt zu einem *Schutz*-Anliegen?
Hieraus leiteten sich Fragestellung und Vorgehensweise der Arbeitsgruppe ab.

Fragestellung und grundsätzliche Vorgehensweise

In der Vorbereitungsphase wurden durch die Gruppenleiter drei Thesen erarbeitet:
1. Als Voraussetzung dafür, daß Schutzbestrebungen entstehen, bedarf es gewisser Entwicklungsschritte im Bewußtsein des Menschen. Als solche Voraussetzungen wurden formuliert:
• Ein Ort ist meinem Bewußtsein gegenüber nicht mehr einfach so selbstverständlich gegeben, wie das z.B. in meiner Kindheit der Fall war. Ich bin aus dem *örtlichen* Rahmen meiner Umgebung bewußtseinsmäßig herausgefallen. Erst durch eine Gegenüberstellung konnte ich mir dieses Ortes bewußt werden. Erst dadurch habe ich den Ort „ent-deckt", habe ihn in seiner „Einzig-Artigkeit" innerhalb meiner Umwelt erkannt.
• Ich entdecke den Aspekt der Vergänglichkeit eines Ortes. Ich bin hiermit zusätzlich aus dem *zeitlichen* Rahmen meiner Umgebung herausgefallen. Anstatt in der Veränderung der Umgebung wie unbewußt mitzuströmen, werde ich erst jetzt der Aspekte des Werdens und Vergehens meiner Umgebung gewahr.
2. Beide Voraussetzungen können allerdings erst dann zu Beweggründen eines *Schutz*-Interesses werden, wenn ich mit der Einzigartigkeit und mit der Vergänglichkeit zusätzlich das Anliegen des Schützens verbinde. Auch hier gibt es zwei Aspekte:
• Dadurch, daß ich aus dem zeitlichen Zusammenhang eines Ortes herausgefallen bin, kann es mir passieren, daß ich das gegenwärtige Erscheinungsbild eines Ortes als typisch auf-

fasse und dabei vergesse, daß der Ort innerhalb seiner Biographie eine Unzahl verschiedener Erscheinungsbilder gezeigt hat.

• Indem ich mich dem Orte gegenübergestellt habe und damit aus dem selbstverständlichen Eingebundensein herausgefallen bin, kann es mir passieren, daß ich zu sehr meine persönliche Beziehung zu dem Orte wertschätze und dabei vergesse, daß jeder Mensch in ganz anderer, nämlich seiner je biographischen Weise mit dem Ort verbunden ist. Jede individuelle Blickrichtung allein genommen macht aber nicht den Ort aus, sondern eben nur einen Aspekt davon.

3. Die Beobachtung der Naturvorgänge zeigt, daß die Natur einer steten Wandlung unterliegt und daß jeder Ort – je nach Zuwendung – neue Erscheinungsbilder hervorbringen kann. Ein Schutzbestreben, das allein um den Erhalt eines Status quo bemüht ist, würde also dem natürlichen Prozeß eines Ortes keineswegs entsprechen. Hinzu kommt das meist völlig unberücksichtigte Moment, daß man selbst ja in einer steten Entwicklung bzw. Wandlung begriffen ist und sich schon allein aus dem heraus eine stets neue Beziehung zur Umgebung ergibt. Beide Aspekte lassen sich mit den dem griechischen Philosophen Heraklit zugesprochenen Worten zusammenfassen: „Man springt nie zweimal in denselben Fluß!"

Andererseits kann es aber auch nicht darum gehen, einen Ort aus reiner Willkür zu gestalten. Jeder Ort bringt eben im Vergleich zu anderen Orten eigene Erscheinungsbilder hervor. Ein Ort hat durchaus etwas Charakteristisches. Worum es demnach in bezug auf die Gestaltung einzig gehen kann ist, daß wir uns – nach unserem Herausfallen aus dem traumhaften Eingebundensein in die Umgebung – nun Schritt für Schritt *bewußt* der Umgebung zuwenden, um zu ihr gemäßen Pflege- bzw. Gestaltungsaspekten zu kommen. Um keine Mißverständnisse aufkommen zu lassen: Hierbei kann sehr wohl herauskommen, daß als Gestaltungs- oder Pflegemotiv gewählt wird, keine anderen Nutzungen als die Naturpflege für angebracht zu halten.

Hierzu gehört es auch, daß möglichst viele mit dem Ort verbundene Menschen in einen gemeinsamen Prozeß kommen, um *zusammen* an möglichst vielfältigen Erfahrungen teilhaben zu können. Dies hat zum einen den Vorteil, daß das Charakteristische des Ortes immer umfänglicher erfaßt wird. Zum anderen dient diese Vorgehensweise der in der Abwägung verschiedener Interessen notwendigen Verständigung, so daß im Idealfall allen Beteiligten die verschiedenen Zugänge einsichtig werden.

Aus diesen drei Thesen konnten wir unsere *Zielsetzung für die Arbeitsgruppe* formulieren:

1. Die Teilnehmer sollen einen möglichst vielfältigen Eindruck der „Naturschutz-würdigen" Orte des Dörögd-Beckens erhalten.

2. In einer Art Selbstexperiment soll jeder Teilnehmer von vornherein *eine* festgelegte Blickrichtung einnehmen, mit der er im Laufe der Woche auf die Landschaft schaut. Hierdurch soll die Erfahrung ermöglicht werden, daß der eigene Standpunkt das jeweilige Schutzinteresse motiviert. Diese Erfahrung kann zur verstärkten Selbstbeobachtung in anderen (sozialen) Zusammenhängen anregen.

3. Die Teilnehmer sollen – mit ihren jeweils verschiedenen Blickrichtungen – die Erfahrung einer *gemeinschaftlichen* Zuwendung zur Landschaft machen.

Als *Blickrichtung* gaben wir die vier Naturreiche (Mineralisches, Pflanzliches, Tierisches, Menschliches) vor. Dies wiederum aus verschiedenen Gründen:

1. Wir knüpfen hiermit an die Naturschutzpraxis an, in der sich eine vergleichbare Unterteilung für Flächenbetrachtungen „natürlich" ergeben und bewährt hat (geologische, botanische und zoologische Fachbeiträge sowie Darstellungen zu diversen Nutzungsmöglichkeiten).

2. Wie auch im Morgenseminar dargelegt, sind die Naturreiche Vermittler unterschiedlicher Qualitäten der Landschaft und insofern für einen gemeinsamen Zuwendungsprozeß zur Landschaft prädestiniert.

3. In der Verwendung der Naturreiche als Blickrichtung können diese als Elemente des eigenen Selbst erfahren werden.

Somit ergab sich als viertes Anliegen dieser Arbeitsgruppe, Erfahrungen mit den Naturreichen in der Landschaft und im Beobachter zu machen.

Wochen- und Tagesplanung

Unsere Tagesplanung war vor allem auf die Unterstützung des *gemeinsamen Prozesses* abgestimmt. Um sich innerlich aktiv am Prozeß beteiligen zu können, wurde als Hilfestellung das am Tag zuvor besuchte Gebiet zu Beginn des Folgenachmittages noch einmal unter neuen Aspekten betrachtet. Zum einen wurde der aktuelle Hintergrund des Gebietes in bezug auf die Naturschutz-Planung erläutert – dies also jeweils erst *nach* der Eigenerfahrung mit dem Gebiet. Zum anderen wurden von Beginn an drei Fragen mit an die Hand gegeben, die auch jeweils am Anfang des Folgenachmittages – möglichst in einem Satz – beantwortet werden sollten:

1. Wie ist mein Verständnis von den Naturreichen, wie hat es sich gewandelt?

2. Was würde ich – anknüpfend an meine Erfahrungen im von mir gewählten Naturreich – gerne schützen? Wie wandelt sich dieses Interesse von Tag zu Tag, von Gebiet zu Gebiet?

3. Wie ist mein Bild vom Dörögd-Becken, wie wandelt es sich von Tag zu Tag?

Das *Gemeinschaftliche* im angedeuteten Sinn wurde vor allem dadurch gefördert, daß die Teilnehmer am Schluß des Tages Gelegenheit hatten, sich gegenseitig die in den verschiedenen Naturreichen gemachten Erfahrungen zu vermitteln, sei es durch Gespräche oder durch Demonstrationsobjekte (gesammelte Gegenstände, Erfahrungsberichte, Zeichnungen). Hierbei versuchte je ein „Naturreich-Vertreter" eine kurze Darstellung anhand des von einem Vertreter eines *anderen* Naturreiches Mitgebrachten.

Auf diese Weise begann jeder Tag mit einem reflektierenden Rückblick auf den Vortag, wodurch die Thematik der Arbeitsgruppe immer wieder vergegenwärtigt wurde.

Gleichzeitig endete jeder Tag mit einem Zusammentragen der Erfahrungen vom Tage. Zwischen diesen beiden fixen Elementen des Tagesablaufes wurden von Tag zu Tag neue Betrachtungsübungen durchgeführt. Diese Übungen waren in ihrer *Gestaltung* abgestimmt auf den jeweiligen Ort und seine „Schutz"-Thematik. Hierdurch sollte die Erfahrung der Ortsspezifität unterstützt werden. Die in den Übungen angelegte *Betrachtungsweise* sollte den Zugang zu den Naturreichen als Blickrichtung fördern und war dabei zugleich auf die Thematik der Orte abgestimmt (siehe Tabelle).

Aufbauend auf diesem Konzept ergab sich der in der Tabelle aufgeführte Wochenplan. Die Diskussion am Schluß der Arbeit diente einem ersten reflektiven und problemorientierten Verarbeiten der gemachten Erfahrungen und der ihnen zugrundeliegenden Anschauung von Landschaft.

Tabellarische Übersicht zum Wochenplan

Tag	Ort	Schutz-Thema	Betrachtungsweise	Übungsgestaltung
Samstag	Imár-Hügel	Rundumblick, Übergang von mediterraner zur Steppenvegetation, Artenvielfalt	Festhalten, physisch-gegenständliche Begegnung; mineralisch	Sammeln von Gegenständen aus dem jeweiligen Naturreich; S-W-Skizzen; "Rundblick-Tanz"
Sonntag	Tálod-Tal	Kloster, Quellwald kultur-historisch, natur-ästhetisch	Bild-Verwandlung; Naturreiche als Hinschauweisen; pflanzlich	Farbskizzen, je nach Naturreich mit unterschiedlichen Vorgaben, entlang eines zielgerichteten Weges; Selbstbesinnung
Montag	Nagy-See	ehemals Sphagnum-Moor, ausgedehnter Röhricht; ehemaliges und vermutlich zukünftiges Naherholungsgebiet für die ansässige Bevölkerung	Stimmungswahrnehmung; Sympathie-Antipathie; tierisch	instinktive Wahl des sympatichsten Ortes und dort tun und lassen, was man will; Beobachtung von Zeit-Verwandlungen in den Naturreichen
Mittwoch	Tik-Berg	ehemaliger Hude-Wald mit anschließendem, brachgefallenen Getreideacker	historisch, ortsbiographisch; menschlich	Erinnerungsskizzen; Zukunftsskizzen; Rekonstruktion und Vergegenwärtigung der Geschichte des Ortes anhand von gesammelten Dokumenten
Donnerstag	Taliandörögd	Rückblick und Diskussion		

Samstag

Der Beginn

Zunächst stellten sich die Gruppenteilnehmer kurz gegenseitig vor. Anschließend wurde noch einmal in die Arbeitsgruppen-Thematik eingeführt und das geplante Vorgehen organisationstechnisch erläutert. Die 14 Gruppenteilnehmer teilten sich – möglichst nach ihren spezifischen Fähigkeiten – auf die vier Naturreich-Blickrichtungen auf.

Der Ort: Imar-Hügel

Der Imar-Hügel liegt annähernd im Zentrum des Dörögd-Beckens (siehe Karte auf S. 59). Von ihm hat man einen guten Rundumblick über das gesamte Becken, mit seiner Ebene und den ringsum begrenzenden Anhöhen. In der Bevölkerung erfreut sich der Hügel einer fast ehrfurchtsvollen Beliebtheit. Aus dieser Verbundenheit heraus ergab sich ohne (gesetzliche) Absprache eine extensive Nutzung. In der gegebenen kontinental-klimatischen Situation sowie auf dem kalkigen Untergrund des Hügels konnte sich hier eine ausgesprochen artenreiche und für westeuropäische Verhältnisse seltene Flora und Fauna im Übergangsbereich von mediterraner zur Steppenvegetation entwickeln. Die ihn rundum umgebende Agrarnutzung zieht unmittelbar bis zu seinem Fuße, außer auf seiner Nordwestseite, wo in den siebziger Jahren die Weltraumbeobachtungsstation "Sputnik" errichtet wurde. Ihre drei Parabolantennen erhalten durch ihre Größe, durch das allein von ihnen vertretene Element des modernen Technik-Zeitalters sowie durch ihre zentrale Lage fast wahrzeichenartigen Charakter. Ganz im Gegenteil zum Imar-Berg erfreuen sie sich in der Bevölkerung wohl nicht allzu großer Beliebtheit. Wie als Gegengewicht haben die Dörfer des Beckens zu Beginn der neunziger Jahre dieses Jahrhunderts in einer – seit Jahrzehnten ersten – gemeinsamen Aktion ein Holzkreuz und Holzaltar auf dem Imar errichtet.

Die Übungen

1. Übung: "Rundumblick-Tanz"
Wir stellten uns alle in einem weiten Kreis um das Holzkreuz mit Blick auf die umgebende Landschaft. Der jeweilige Blick sollte in einer Zehn-Minuten-Schwarz-Weiß-Skizze festgehalten werden. Die Skizze verblieb alsdann am Orte und jeder Teilnehmer rückte um zwei Positionen weiter, verglich den neuen Blick mit seinem vorhergehenden sowie mit dem auf der vor ihm liegenden Skizze, bis schließlich alle wieder an ihrer Ursprungsposition angelangt waren.

2. Übung: "Verinnerlichung"
Wir wendeten dann alle den Blick von der Landschaft ab und versuchten, aus der Erinnerung die Bilder der Landschaft in den vier verschiedenen Himmelsrichtungen zu beschreiben.
Süd: Vorwiegend Agrar-Landschaft. Die umgrenzenden Hänge sind überwiegend bewaldet.
Nord: Die Grenzhügel sind hier etwas näher. Sie sind meistenteils nur obenauf bewaldet. Viele kahle Stellen deuten auf Weidenutzung oder ehemaligen Weinanbau. Zwischen den Hügeln und dem Imar findet sich auch hier vorwiegend Agrarnutzung bis auf die bereits erwähnte Sputnik-Station.
Im Westen und Osten sind die Nutzungen der Hügel entprechend im Übergang zwischen den beiden Extremen. Hinzu kommen in beiden Richtungen Siedlungen, verschiedene Alleen, teils Straßen-, teils bachbegleitend. Eine Baumreihe besteht aus abgestorbenen Pappeln.

Beide Übungen förderten das bildhafte Aufnehmen der Eindrücke und ließen die Teilnehmer vom aus dem (meist beruflichen) Alltag mitgebrachten Nutzen-Denken gegenüber den Erscheinungen Abstand nehmen. Der Blick wurde dadurch frei für die Landschaft.

3. Übung: "Gabensammlung"
Jeder suche aus seinem Naturreich typische Gegenstände oder dokumentiere Begegnungen mit seinem Naturreich; Zeit hierfür: zehn Minuten. Die gesammelten "Gaben" breiteten wir auf dem Holzaltar aus und besprachen sie nach o.a. Verfahren.
Mineral-Reich: Aus einem kleinen Steinbruch am Nordwest-Hang des Imar wurde ein kleiner, hellbeiger Kalkstein mitgebracht, auf dem nach näherer Betrachtung winzige Calcit-Kristalle entdeckt wurden, die im Licht glitzerten.

Pflanzenreich: Ein Exemplar vom Steppengras wurde vorgezeigt und in Beziehung zu allseits vorhandenen mediterranen Florenelementen gesetzt. Die verschiedenen Welkezustände von Blatt und Blütenstand machten auf den Aspekt von Werden und Vergehen aufmerksam. Tierreich: zwei Gottesanbeterinnen wurden (eine auf der Schulter, eine in den Händen) mitgebracht. Auffallend war, daß sie nicht weghüpften (wie die ebenfalls mitgebrachten Grashüpfer), sondern in stock-ruhiger Haltung auf ihren vier Hinterbeinen sitzen blieben, während die vorderen beiden Fangarme angewinkelt weit über den Untergrund erhoben wurden. Charakteristisch war auch ihre steife Haltung und das darin fast elastische "Wie-Im-Winde-Weben" und die um die Körperlängsachse freie Drehbeweglichkeit des angenähert dreieckigen Kopfes. Der Vollständigkeit halber sei hier nur die für alle Teilnehmer sicherlich nachhaltig eindrückliche Begegnung mit den in den Aufwinden segelnden Bienenfressern und Uferschwalben erwähnt.

Menschenreich: Von einer Feuerstelle brachten Teilnehmer schwarze Holzreste mit. Zum ersten Male (!) wurde an diesem Nachmittag die Beziehung von Kreuz und Altar bewußt. Eine Diskussion um die Bedeutung dieses Hügels in der hiesigen Kulturgeschichte entbrannte. Schließlich wurde festgestellt, daß wir unsere Handlungsweisen hier offenbar sehr dem Orte entsprechend in moderner Weise ausgerichtet hatten: Ein "Volksreigen", um der Landschaft zu begegnen; ein "Gaben-Tisch" mit den Elementen aus den Naturreichen als Vermittler des Seelischen der Landschaft.

Sonntag

Der Ort: Talod-Tal

Diesmal begaben wir uns in ein Tal am Rande des Beckens. Unser Fußweg begann in sengender Hitze auf einem offenen Stoppelfeld mit einem großen Strohhaufen. Wir überquerten dann in einer Senke einen kleinen Bachlauf über einen Damm, der ehemals Fischteiche aufstaute. Heute hat sich an dieser Stelle ein breiter Saum einer vielfältigen Hochstaudenflur angesiedelt. Der Weg führte dann leicht aufwärts und schließlich durch einen Abschnitt schattigen Buchenwalds auf eine offene Wiese, eine ehemalige Pferdekoppel, die in diesem Jahr für ein Pfadfinderlager genutzt wurde. Wir passierten das in der Längserstreckung der allmählich ansteigenden und schmaler werdenden Wiese aufgebaute, jugendlich geschäftige Lager und erreichten schließlich einen in den Wald führenden Pfad. Nach wenigen Metern trafen wir auf eine erfrischende, im Schatten des Waldesinneren liegende Quelle. Ihre Fassung wie auch ein Ruinenrest in dem sich von hier aus erstreckenden flachen und schmalen Tal zeugen von der ehemaligen, im Mittelalter bedeutenden Klosteranlage Tálod. Es wird erzählt, sie sei von den Mönchen selbst zerstört worden, um zu vermeiden, daß ihr macht- und wertvolles Wissensgut in die Hände der damals durch ganz Ungarn vordringenden Türken fiel. Von all dem war am Ausgangspunkt unseres Weges – oben auf dem Feld – nichts zu ahnen, geschweige denn zu sehen.

Heutzutage ist der Ort für die Bevölkerung vor allem durch die geschichtsträchtige Ruine und die Quelle als eine Art Naherholungsziel wichtig.

Die drei Fragen

Vor dem Hintergrund der vortägigen Erfahrung versuchte ein Teilnehmer aus jedem Naturreich, die drei obengenannten Fragen zu beantworten.

Mineralreich:
1. Steine sind fest und hart.
2. Ich würde gerne den Steinbruch zur Bewahrung der Vergangenheit schützen.
3. Das Dörögd-Becken ist eine Agrarweite umgeben von Wäldern.

Pflanzenreich:
1. Die Pflanze ist ein sich im Jahreslauf wandelnder Spiegel der Umgebung eines Ortes.
2. Ich würde gerne pflegen, um die Verwandlung zu erhalten.
3. Das Dörögd-Becken ist eine geschichtsgeprägte Kulturlandschaft.

Tierreich:
1. Das Tier bewegt sich und will sich ernähren.
2. Ich will schützen, was sich selbst nicht schützen kann.
3. keine Antwort

Menschenreich:
1. Das Menschenreich umfaßt und bringt alle Naturreiche zusammen.
2. Ich will die Vielfalt schützen mit Hinblick auf die Erlebnismöglichkeiten.
3. keine Antwort

Die Antworten zeigen deutlich, daß in der Besinnung offenbar die unmittelbaren Erfahrungen gegenüber abstrakterem Wissen in den Hintergrund traten. Deshalb wurde für die nächsttägige Beantwortung noch einmal darum gebeten, möglichst an das im vortägigen Gebiet aktuell Erfahrene anzuschließen.

Die Übungen

Auf dem geschilderten Weg wählten wir drei Stationen aus, an denen wir das vor uns liegende Bild zeichneten:
1. Getreideacker;
2. ehemalige Pferdekoppel;
3. Quelle und Ruine.
Jedem Naturreich wurde hierzu - ohne daß die anderen Gruppen das wußten - eine unterschiedliche Zeichentechnik mit an die Hand gegeben:
1. Mineralreich: Konturzeichnung in Schwarz-Weiß;
2. Pflanzenreich: Nur Flächen, Verwendung von Farben erlaubt;
3. Tierreich: Einsatz von ausschließlich Rot, Gelb und Blau unter dem Aspekt der Stimmung; Gelb für lichtvolle Situationen, Rot für Warm-Trockenes und Blau für Kühl-Feuchtes. Es sollte versucht werden, von den Zwischenräumen ausgehend zu zeichnen.
4. Menschenreich: Freistellung der Technik.

Nach der letzten Zeichnung an der Quelle inszenierten wir dort ein kleine Ausstellung mit den verfertigten Zeichnungen. Die Bilder wurden im Hinblick auf die verwendeten Zeichentechniken, den unterschiedlichen Abbildungscharakter und im Hinblick auf die Eigenschaften der Naturreiche verglichen. In jedem Naturreich wurde zudem auf die Veränderung der Bilder von Station zu Station geachtet.

Die unterschiedlichen Zeichentechniken verdeutlichten, daß sie zum einen als Blickrichtung auf die Landschaften verwendet werden können. Da dies möglich ist, wurde zum anderen deutlich, daß jeder Mensch die Naturreiche als Eigenschaften wie in sich trägt. Durch die Bilder wurden diese verschiedenen Erlebnisebenen des Menschen an der Landschaft anschaubar.

Die Bildverwandlung ist ein grundlegendes Erscheinungscharakteristikum des Pflanzlichen. Im stationsweisen Bewußtmachen der Bildverwandlung beim Ergehen einer Landschaft kann entdeckt werden, wie geradezu unumgänglich jeder Moment des eigenen Lebens in einem solchen Pflanzlichen statthat.

Die Konturzeichnungen heben besonders die Gegenständlichkeit der Landschaft in ihrer Unveränderlichkeit hervor. Mit den farbigen Flächen wird der Blick auf das (vegetative) Leben gelenkt. Der gezielte Einsatz der Farben Rot, Gelb und Blau hilft, für alle Teilnehmer eindrucksvoll, die Stimmung des jeweiligen Ortes zu erfassen. Und schließlich tritt durch die Freigabe der Zeichentechnik im Menschenreich der individuelle Blickwinkel hervor.

In der Besprechung der Bilder fiel auch diesmal wieder eine Korrespondenz von heutigen bzw. unseren eigenen Tätigkeiten und der Ortstradition auf. Statt wie auf dem Imar mit seinem landschaftlichen Überblick und seiner Himmelsoffenheit eine Art Reigentanz aufzuführen, wurde die Kühle des geschützten Quellortes im Talwald Anlaß, zu einer Besinnung eines zurückgelegten Weges und des eigenen Bezuges zur Welt.

Montag

Der Ort: Nagy-See

Der Nagy-See gilt als eiszeitliche Bildung auf einer Basaltkuppe und liegt am nördlichen Rand des Beckens oberhalb des Ortes Öcs. Das noch in den achtziger Jahren kartierte – bei einer erneuten Suche durch Pagony nicht wieder aufgefundene – Sphagnum-Moor wird hierzu als ein diluviales Relikt in Beziehung gesetzt.

Mit seiner spiegelstillen Wasseroberfläche, die immer wieder von im schwerelosen Flug trinkenden Mehlschwalben gestört wurde, mit seinen seichten und teils breiten Uferbereichen, dem ausgedehnten Röhrichtbestand, den nahen, von Elsbeeren begleiteten Zerreichenwäldern, der vielfältigen Flora und Fauna begegnete uns dieser Ort ungemein stimmungsreich.

Ohne viel Suchen fanden wir fünf verschiedene Röhrichtpflanzen (Igelkolben, Schilf, Rohrkolben, Flatterbinse, eine unbestimmt gebliebene Simsenart). Wir beobachteten unzählige grünleuchtende, frisch verwandelte, winzige Laubfrösche, die „wie Tautropfen an den Binsen klebten", fanden die Überreste einer Schlangenhäutung, hörten den Glöckchenruf der Geburtshelferkröte und holten eine Rotbauchunke aus einem Schlammloch hervor. Im Schatten der Eichen liefen uns Hirschkäfer über den Weg, und die Blauracke klackerte für westeuropäische Ohren ungewohnt nahe klingend von irgendwoher aus den Baumkronen.

Der Ort hatte vor der politischen Wende in Ungarn vor allem Bedeutung als Naherholungsziel insbesondere für die Öcser Bevölkerung. An den Ufern der zum Baden genutzten, damals noch weit offeneren Wasserfläche wurde gelagert, und es fanden regelmäßig sommerliche Feste statt. Am südlichen Ende des Sees findet sich ein kleiner, künstlicher Stau. Darunter erstreckt sich eine offenbar auch als Viehweide genutzte Wiese, die durch den abwärtslaufenden, frei mäandrierenden Bach und hier und da durch einen Obstbaum bereichert wird. Hier werden auch in

jüngster Zeit wieder größere Feste gefeiert. Im Rahmen des erhofften Aufschwunges schwebt der anliegenden Gemeinde vor, hier eventuell eine Art Campingplatz einzurichten.

Die drei Fragen

Mineralreich:
1. Ich kann keine rechte Beziehung zum Mineralreich entwickeln; es ist aber wohl eine entscheidende Grundlage für die Landschaft.
2. Ich will ja die Natur erfahren, ein Schutz vor dem Menschen ist also sehr schwierig.
3. Mein Bild vom Dörörgd-Becken ist immer noch ganz geprägt von dem Erlebnis auf dem Imar. Der weite Blick in die trockene Landschaft war etwas erschreckend für mich, doch die Landschaft gewann bei näherem Hinschauen mein Interesse.

Pflanzenreich:
1. Alle Pflanzen sind Kulturpflanzen, tragen Spuren des Menschenreiches an sich. Sie sind Abbild des in der Landschaft arbeitenden Menschen.
2. Ich will die Menschen schützen, die diese Pflanzen hervorgebracht haben.
3. Das Dörögd-Becken ist eine warme Schüssel mit besonderer Beziehung zum Kosmos.

Tierreich:
1. Das Tierreich ist der dynamische Teil einer Landschaft.
2. Ich will die Lebensgrundlagen der Tiere sichern.
3. Das Dörögd-Becken schien mir nach dem Imar-Ausblick eine monotone Agrarlandschaft. Nach dem Talod-Tal und den ersten Schritten heute erscheint es mir doch weitaus vielfältiger, als ich zunächst dachte.

Menschenreich:
1. Der Mensch hat die Möglichkeit der willentlichen Umwandlung der anderen drei Naturreiche, er ist kulturschaffend.
2. Ich will Möglichkeiten schaffen, Orte aufzusuchen, die nicht allein unter dem Nutzensaspekt stehen.
3. Das Dörögd-Becken ist eine weite, heiße, trockene, große, ausgeräumte Landschaft, in der die Menschen nur am Rande siedeln. Die umgebenden Anhöhen bergen offenbar lebenswerte Räume.
Nochmals wurde aufgefordert, die gemachten Erfahrungen und das eigene Naturreich stärker in die Antwortversuche einzubinden.

Die Übungen

Die Hauptübung des Tages bestand darin, daß sich jeder Teilnehmer – diesmal ungeachtet seines Naturreiches – binnen fünf Minuten einen Platz im näheren Umkreis des Sees zu suchen hatte, der ihm an sympatischten war, um dort dasjenige zu tun, wozu er die meiste Lust verspürte. Gruppenweise schauten wir uns die dadurch entstandene "Performance" an.

Als Nebenbeschäftigung baten wir – diesmal thematisch wieder nach den Naturreichen aufgeteilt –, alle zehn Minuten eine Beobachtung zu dokumentieren. Das Mineralreich sollte die Änderung der Lichtverhältnisse an einem ausgewählten Gegenstand verfolgen. Das Pflanzenreich sollte auf die Änderung der Farben achten. Das Tierreich sollte auf die Wandlung in der Hörwelt lauschen und das Menschenreich die aktuell auftauchenden Gedanken registrieren. Der Wert dieser Übung besteht vor allem darin, daß man fast unvermeidlich in die Sinnesbeobachtung kommt und wach wird für jene Wandlung der Welt, die ohne das eigene Zutun abläuft, aber ohne das eigene bewußte Begleiten gleichsam verschlafen wird. Diese Erfahrung wurde auch nicht dadurch gemindert, daß sich die Teilnehmer wohl ein wenig in Hektik/Streß fühlten. Zur Hauptübung: Durch die Wahl „seines" Ortes und der dort zur Schau gestellten Tätigkeit wurde für die Betrachter ein Teil der Innerlichkeit des jeweiligen Teilnehmers sichtbar. Während die einen – wohl vor allem auch nach den Dauerbeanspruchungen der vorangegangenen Tage – die Gelegenheit nutzten, um in einem schattig-sonnigen Plätzchen ein wenig auszuspannen (Ruhen, Lesen, Pfeiferauchen), gingen andere mehr ihrem Hobby nach (Beobachtung von Vögeln, Kartierung von Pflanzen, Sammeln von Teekräutern), und wiederum andere kehrten eher meditativ ein (indem sie Tagebuch führten oder still bzw. zeichnerisch den Ort ihres Blickes zu verinnerlichen suchten). Auffällig war einmal mehr die Korrespondenz der jeweiligen Tätigkeit mit der Ortsauswahl. Während die „Urlauber" am westlichen, seichten Ufer lagerten, suchten die „Beobachter" nahezu ausschließlich Plätze im Schutze des umgebenden waldartigen Baumbestandes auf. Diese ausgesprochene Zielsicherheit des eigenen Instinktes (Provokation einer „kopflosen" Wahl durch die kurze Zeitvorgabe von gerade fünf Minuten) weckte die Teilnehmer für die mit dem Tiere verwandte Seite ihres Selbst. Auf diese Weise war die Frage nach dem, was das Menschliche am eigenen Selbst ausmacht, im Innern angeregt. Hieraus konnte als Ausblick auf die Naturschutz-Problematik die auch um Selbsterkenntnis ringende Frage aufkommen, wodurch sich die Gestaltung der Umwelt durch Tiere von Gestaltungen durch den Menschen unterscheidet.

Mittwoch

Der Ort: Tik-Berg

Der Tik-Berg ist ein im Nordwesten des Beckens gelegenes Basaltplateau auf einer der Anhöhen, die das Becken umgrenzen, und ist in etwa fünf Minuten Fußweg von Taliándörögd aus erreichbar. Wir suchten eine Stelle aus, an der ein früherer Hudewald aus Rotbuchen unmittelbar an eine ehemalige Viehweide angrenzte. Der Ort liegt zur Zeit brach. Im Rahmen des Entwicklungsplanes wurde die Frage aufgeworfen, für welche Nutzung er künftig herangezogen werden soll.

Die drei Fragen

Mineralreich:

1. Mineralisches zeigt Festigkeit. Es besitzt eine Qualität, aufgrund derer man bauen kann.
2. Das gesamte Dörögd-Becken sollte mit seiner dort lebenden Arbeit und Gestaltung bewahrt bleiben.
3. Ich habe zwar ein Gesamtbild, aber dennoch war mir jeder Ort, an dem wir waren, jeweils der wichtigste.

Pflanzenreich:

1. Pflanzen sind ein Kulturgut der in der Landschaft tätigen Menschen. Das Pflanzenreich lebt also in der Auseinandersetzung mit dem Menschenreich und versucht ständig das Mineralreich zu durchdringen.
2. Ich will die Pflanzenwelt schützen, soweit sie die Menschenwelt nicht zurückdrängt.
3. Das Dörögd-Becken ist eine mittelgroße Schüssel in einem Schüsselsatz.

Tierreich:

1. Das Tierreich ist eine sich stetig umwandelnde, bewegende, Töne gebende Gesamtheit von Tieren.
2. Ich will deren Lebensstandort schützen, also mit Hinblick auf den Nagy-See die Wasserlebensgesellschaften.
3. Das Dörögd-Becken ist ein stark kultiviertes und vom Menschen durchdrungenes Gebiet.

Menschenreich:

1. Im Hinblick auf unsere Übung am Nagy-See: Mineral, Pflanze und Tier *haben* ihren Platz. Der Mensch aber ist in der Lage, sich seinen Ort selbst zu suchen.
2. Ich möchte Orte so schützen, daß ich möglichst viele verschiedene Blickrichtungen erleben kann.
3. Mit jedem Besuch eines neuen Ortes im Dörögd-Becken gliedert sich das Zusammenhängende auf. Ich vermisse einen wasserspendenden bzw. prägenden Bach- oder Flußlauf.

Die Antworten waren zum Teil stark von den Eindrücken der vortägigen Exkursion in das Umland des Dörögd-Beckens geprägt (siehe hierzu die Beschreibungen von Jochen Bockemühl im Morgenseminar). Für die am nächsten Tag bevorstehende Diskussion wurden die Teilnehmer gebeten, Gründe für ihre Antwort parat zu haben. Es waren ja bisher nur Antworten gegeben worden, eine Diskussion hierzu fand bis zu diesem Zeitpunkt nicht statt.

Die Übungen

Die erste Übung bestand darin, (nach den Naturreichen getrennt) Dokumente der Geschichte des Ortes zu sammeln. Anschließend wurden die Dokumente zusammengelegt und auf ihren geschichtlichen Gehalt hin betrachtet: Basaltsteine von Lesesteinhaufen: Hatte man die Steine früher vom Acker abgesammelt und am Rand gelagert oder waren damit vielleicht irgendwelche mystischen Rituale verbunden? Eine mannshohe Distel wurde Zeichen der Schafweide, Ackerunkräuter Zeichen ehemaliger Ackernutzung. Der Hudewald selbst wurde als Dokument der Tiernutzung erkannt. Eine Erfassung der Baumrindeneinritzungen war Anlaß zur Entwicklung einer phantasiereichen Dorfgeschichte.

Durch die gegenseitigen Darstellungen der gesammelten Gegenstände unter dem Aspekt der Geschichte des Ortes wurde sehr bald evident, wie sehr hier alle Gegenstände vom Menschenreich sprechen. Wir hatten es hier also mit einem durch und durch vom Menschen gestalteten Ort zu tun. Dennoch erlebte man sich mitten in der "Natur" stehend.

Als zweite Übung sollten drei Skizzen angefertigt werden: Ein für den Ort typischer Blick sollte ausgewählt und anschließend aus der Erinnerung skizziert werden. Für den gleichen Blick sollte zum einen auf der Grundlage der in der ersten Übung getroffenen Überlegungen eine Zeichnung eines historischen Momentes und zum anderen eine Skizze einer vorgestellten zukünftigen Gestaltung versucht werden.

Die Erinnerungszeichnung dient vor allem dazu, sich den Ort zu Eigen zu machen. In der Prognosezeichnung wird das zu Eigen Gemachte innerlich mit der gestaltenden Phantasie ergriffen. Man versucht also, in die Biographie des Ortes einztauchen und daraus zu möglichen, ortsgemäßen Zukunftsbildern zu gelangen.

Die Ungewohntheit der Übung sowie die Tatsache, daß nur allzu wenig Zeit zur Verfügung stand erklären vielleicht, daß sich die meisten Zukunftsbilder an Vorstellungen über Situationen aus historischen Zeiten anlehnten.

Donnerstag

"Round-Table-Conference" im Tagungszentrum in Taliandörögd

Vier Tage eines gemeinschaftlichen Prozesses lagen nun hinter uns, in denen wir ein und dieselbe Landschaft aus sehr verschiedenen Perspektiven kennengelernt hatten. So hatten wir versucht in ein wortloses Gespräch über die Landschaft zu kommen: die Landschaft als Gesprächsthema, die *gemeinsamen* Erfahrungen aus den je unterschiedlichen Blickrichtungen als Sprach-Medium. Unterstützt werden sollte der Prozeß durch die Tag für Tag neu zu beantwortenden drei Fragen.

Im Idealfall hätte nun in einem Rundtischgespräch ein Austausch über die eventuell nach Naturreich unterschiedlichen und zu verbalisierenden Zukunftsbilder stattfinden können. Der gemeinsam durchgemachte Erfahrungsprozeß hätte unseres Erachtens zu einer Zusammenschau der Bilder führen können und hierauf aufbauend die Verständigung und Konstruktivität des Gespräches und Abwägungsprozesses gefördert. Mehrere Umstände führten aber nicht zu einem solchen Verlauf:

• Zwar wurden von allen Teilnehmern intensive und nachhaltig eindrückliche Erfahrungen von der Landschaft und ihren Naturreichen gemacht. In den vier Tagen gelang es jedoch nicht in überzeugender Weise, gleichzeitig die Reflexion der Erfahrungen im Hinblick auf die Naturschutzthematik anzuregen. Dies spiegeln insbesondere die Antworten auf die drei Fragen wider.

• Angesichts der Verschiedenheit der vier Orte, dem nur übungsweisen Einstieg in die Landschaft des Dörögd-Beckens und der fehlenden Einbeziehung der Bevölkerung in den Prozeß hätte eine solche Diskussion sehr abstrakt-hypothetischen Charakter erhalten.

• Zur Diskussionsrunde gesellten sich drei Gäste einer lokalen Naturschutzorganisation, die weder die Morgenseminare noch den in der Übungsgruppe vollzogenen Prozeß mitgegangen waren.

Wir versuchten, der neuen Situation auf folgende Weise gerecht zu werden:

Für die hinzugekommenen Gäste führten wir zu Beginn der Gesprächsrunde einen Wochenrückblick durch. Begleitend trug eine Teilnehmerin aus der "Tierreich-Gruppe" ihre tageweisen Antworten auf die drei Fragen vor.

Um das Gespräch einzuleiten, baten wir sie um eine Begründung des von ihr formulierten Schutzanliegens. Wir kamen auf diese Weise zu einer sehr angeregten Grundsatzdebatte über die Frage, warum man überhaupt Natur schützen will, und über die Vorgehensweise in unserer Arbeitsgruppe. Jetzt erst, so schien es, begann die bewußte themenorientierte Verarbeitung, entwickelte sich eine Verbindung zwischen der Naturschutz-Thematik und den Erfahrungen dieser Woche. Die abschließende Diskussion stellte sich auf diese Weise im Nachhinein als ein wichtiges, die Reflexion noch über die Woche hinaus anregendes Element heraus.

Dennoch drohte der zunehmend abstrakt werdende Inhalt der Diskussion die leuchtenden Sinneserfahrungen der Woche zu überschatten. Wir beschlossen daher, daß jede Untergruppe zum Abschluß ihre nachhaltigste Begegnung mit dem jeweiligen Naturreich besinnen sollte, um sie am nächsten Morgenseminar darzustellen. Auf diese Weise konnte die Verbindung von Reflexion und Erfahrung nun auch von dieser Seite lebendig gefördert werden.

IV An Stelle eines Schlußwortes

Zusammenfassung der Vorträge der ungarischen Referenten:

Ungarn und Europa

Ökonomie und Landschaft

Freiheit und Gesetzmäßigkeit

An Stelle eines Schlußwortes

Zusammenfassung der Vorträge der ungarischen Referenten

Die Zusammenfassung der drei Referate der ungarischen Gastredner aus der Kós-Károly-Vereinigung steht an der Stelle eines Schlußwortes dieser Broschüre. Die von den drei Referenten angesprochenen Probleme konfrontierten die Teilnehmer aus unmittelbarer Betroffenheit mit Ungarns Gegenwart und der Frage nach seiner Zukunft – stets aufbauend auf der traditionsreichen Geschichte Ungarns. Dadurch erfuhren die Teilnehmer von der ganzen Spannung, in die sich eine menschliche Seele im „Ungarn '95" hineingestellt fühlen kann: *Imre Makovecz* stellte die Frage nach der nationalen Identität, *István Kálmán* wies auf die Bedeutung des Erhaltes eines regionalen Landschafts- und Landwirtschaftscharakters hin und *Miklós Kampis* begab sich auf die Suche nach einem modernen Weg der Bewußtseinsschulung. Alle drei Vorträge überzeugten durch ihre persönliche Authentizität.

Imre Makovecz – der weltbekannte Architekt sogenannter organischer Bauten – begann am Eröffnungsabend mit einer feurigen Rede an die ungarischen Teilnehmer, die sich gleichzeitig provokativ und bewußt schaustellend an die westlichen Besucher richtete: So redet man in Ungarn, so ist die ungarische Mentalität – zwischen Feuer und Pessimismus. So ist die Lage in Ungarn! Seht Euch das an!
Makovecz Aufhänger hierfür war die Beziehung zwischen Ungarn und Europa. Zunächst prangerte er das politische Desinteresse der Ungarn an, die weder an Europa noch an Ungarn dächten und statt dessen vor allem „fernsehen, Radio hören und über das stets zu knappe Geld klagen".
Die sozialen Zustände beschrieb er wie folgt: „Heutzutage werden in Ungarn wenig Kinder geboren: Die Ehen sind nicht dauerhaft. Der Anteil an Dreißig-, Zwanzig- oder Fünfzehnjährigen ist heute in Ungarn sehr hoch – viele davon sind Kinder aus gescheiterten Ehen."
Er beklagte den Identitätsverlust der Ungarn gegenüber seiner eigenen Tradition und appellierte an die eigenen Werte: „Ich denke an die Apfelbäume, Birnbäume, an den Weizen, den Roggen, an das Vieh, die Kühe, Pferde, Schafe etc." Davor sei Europa zweitrangig.
Sein Hinweis auf das nur 200 Kilometer entfernte Bosnien konnte die Zuhörer nicht unberührt lassen, ebenso wenig derjenige auf die Summe von 30 Milliarden Dollar, die Ungarn der Weltbank schuldig ist.
Der Vortrag endete mit dem Appell an die Würde eines jeden Ungarn und mit dem Wunsch nach Glück und Freiheit für das eigene Land.

István Kálmán ging in seinem Vortrag über die Verflechtung von „Ökonomie und Landschaft" vor allem auf die Probleme ein, in die die ungarische Landwirtschaft durch die Politik der Europäischen Gemeinschaft und durch das GATT-Abkommen gerät. Auf der einen Seite hat die ungarische Regierung als ihr Ziel erklärt, sich in den nächsten fünf Jahren der Europäischen Gemeinschaft anzuschließen, auf der anderen Seite steht aber die Befürchtung, daß Landschaft und Landwirtschaft ihren regionalen Charakter verlieren könnten und statt dessen durch die Weltwirtschaftspolitik vereinheitlicht werden. „Es darf keine abstrakte, manipulierte Weltwirtschaft zustande kommen, welche durch ‚freien' Wettbewerb

die einzelnen Regionen zerstört, sondern eine Wirtschaft, die diese Regionen verbindet. Die Weltwirtschaft kann kein Mechanismus sein. Sie muß eine Zusammenarbeit, eine Gemeinschaft aus den und für die in der Wirtschaft beteiligten Menschen – Produzenten, Groß- und Kleinhändler sowie Verbraucher der Güter und Werte – sein ... Die westliche Wirtschaftspolitik berücksichtigt die regionale Eigenart der Landwirtschaft nicht."
István Kálmán schloß seinen Vortrag mit der Hoffnung, daß die Übungswoche den Wert des regionalen Landschaftscharakters bewußt machen möge.

Miklós Kampis schließlich stellte mit der Frage nach „Freiheit und Gesetzmäßigkeit" im menschlichen Leben eine der zentralsten Fragen des modernen Individualbewußtseins. Wie kann der Mensch zugleich frei und doch durch Gesetze bestimmt sein?
Kampis begann seinen Vortrag damit, die Spannung zu verdeutlichen, in die der moderne Mensch hierdurch gerät. Hierfür wählte er zunächst zwei Pole: Auf der einen Seite standen Dante und Aristoteles. Ersterer verglich das Erdendasein mit der Hölle, letzterer charakterisierte den auf der Erde erlebten Raum als schrecklich. Auf der anderen Seite schilderte Kampis wunderbare, nur auf der Erde erlebbare, die Seele ergreifende Naturbeobachtungen, z.B. Phaistos auf Kreta: „Um das Ruinenfeld herum haben die guten Griechen einen kreisrunden Zypressenhain gepflanzt. Setzt man sich in die Mitte des Ruinenfeldes, beginnt dieser Hain zu singen. Er ist nämlich voll von Zikaden, sie begrüßen die aufgehende Sonne. Der ganze Hain schmettert. Das ist ein phantastisches Erlebnis. Wir waren früh morgens, weit vor Sonnenaufgang, dorthin gegangen. Solange die Zikaden nicht gesungen hatten, hatte ich nicht verstanden, warum man unter die Ruine einen Hain gepflanzt hat."
Zwischen diese beiden eher statischen Pole fügte Kampis dann mit Bezug auf Heideggers Raumverständnis den Entwicklungsaspekt ins Erdendasein ein. Für Heidegger ist Raum das Wachstum, das Ausweiten des Ursprungs. Im Erleben des Raumes auf der Erde findet der Mensch zugleich einen Ursprung und mit diesem die Bedingung für Freiheit und Offenheit. Im Da-Sein im Raum findet der Mensch nach Heidegger seinen Ort. Dies in zweifacher Hinsicht: indem er sich als Mensch erlebt, und indem er als Mensch in bestimmten Gegenden lebt. Finden sich Gegend und Menschsein, so spräche man wohl von Heimat, so Kampis, und zitierte dafür wiederum Heidegger: „Wir sind deswegen auf der Welt, damit wir uns irgendwo darin zuhause fühlen." Damit aber endet Heidegger nicht. Raum ist für ihn gleichbedeutend mit der Existenz von Gegend. Im Wort „Gegend" liegt nach Heidegger das Wort Begegnung. Dies ist von entscheidender Bedeutung, denn die Begegnung – das Sein im Gegenüber – ist die Ausgangsbedingung für Freiheit und damit für eine offene Perspektive.
So gelangte Kampis schließlich zur Ausgangsfrage seines Vortrages: Wie kann der Mensch zugleich frei und doch in Gesetzmäßigkeiten eingebunden sein? Mit Heidegger umfaßt das Sein im Raum beide Seiten widerspruchsfrei: Die Erkenntnis, daß man sich als Mensch an einem bestimmten Ort wieder findet, umfaßt die Seite des Gegebenen, des Gesetzmäßigen. Daß man sich in einer Gegenüberstellung erkennt, macht offen für Geschehen. Legt der Mensch in diese Offenheit sein Tun hinein, verwirklicht er Freiheit. Freiheit ist somit nur in der Tat möglich.
Kampis schloß mit der daraus sich ableitenden Aufforderung an den modernen Menschen, am Übergang vom Leben im Gesetz hin zum Leben in der Freiheit sein Bewußtsein zu schulen, um Freiheit in Verantwortlichkeit vollziehen zu können.

Weitere Schriften der Naturwissenschaftlichen Sektion am Goetheanum

Bockemühl, Jochen (Hrsg.)
ERSCHEINUNGSFORMEN DES ÄTHERISCHEN
Beiträge zur Anthroposophie
Stuttgart 1977
Verlag Freies Geistesleben

Bockemühl, Jochen
STERBENDE WÄLDER
Dornach 1984
Verlag am Goetheanum

Maier, Georg
OPTIK DER BILDER
Dornach 1986
Verlag der Kooperative Dürnau

Jochen Bockemühl (Hrsg.)
ERWACHEN AN DER LANDSCHAFT
Dornach 1992
Verlag am Goetheanum

Jochen Bockemühl
EIN LEITFADEN ZUR HEILPFLANZENERKENNTNIS
Dornach 1996
Verlag am Goetheanum

Susanne Becker & Hans-Christian Zehnter (Red.)
MENSCHEN GESTALTEN ENTWICKLUNG
Berichte aus der landschaftsökologischen Arbeit der Naturwissenschaftlichen Sektion am
Goetheanum Nummer 1
Dornach 1996
Verlag am Goetheanum

Johannes Wirz & Edith Lammerts van Bueren (Hrsg.)
The future of DNA
Dordrecht, Boston, London 1997
Kluwer Academic Publishers

In Vorbereitung

Cornelis Bockemühl (Red.)
Geologie und Anthroposophie im Gespräch
Bericht zu den naturwissenschaftlichen Arbeitstagen 1995 in Dornach
Stuttgart 1997

Zeitschrift

Elemente der Naturwissenschaft
Erscheint zweimal jährlich
Dornach
Verlag der Kooperative Dürnau